"胡"说会展

胡月明／著

会展是由定期集市衍生而来的业态，经过几百年专业化发展，会展已经成为一种深受各国重视的服务产业，会展本身就是一种文化集成，文化会展更是文化产业的重要组成部分，本书主要讨论文化会展业所应关注的一些问题。

河北出版传媒集团
河北教育出版社

|序|

　　会展业是当今服务业的核心领域之一，它具有推动产业发展的功能和扩展商务旅游的功能。后者还是文化旅游的重要形态；或者说，会展业也是文化旅游业中最为繁荣与活跃的领域之一。

　　我对会展的认识包括以下一些要素。其一，会展是"活动经济"的一种典型形态，也是文化旅游和商务旅游结合的服务业高端形态，具有很强的经济拉动效益。其二，会展的特点是需要大型化和持续化。特别是国际化的大型会展和具有品牌的会展如拉斯维加斯的世界计算机展会、巴黎汽车展会和瑞士的达沃斯世界经济论坛等，具有很高的经济效益和社会效益。其三，会展需要政府的鼓励和扶持。因为从经济效益的特点来说，会展是一种溢出型的经济活动，举办会展的直接收入不一定很大，但是带来的拉动效应很显著。因此，政府支持会展是必要而且合理的。其四，城市越大，会展经济的机遇也就越多。而且，世界上的文化大都会都拥有国际化水平很高的品牌会展。从这个角度来看，今天的北京和上海的会展活动虽然比较活跃，但是还没有把潜力完全挖掘出来，尤其还是缺乏大型会展公司和大型国际品牌会展，与巴黎、中国香港、东京、新加坡等地的差距很大。国内的这两个超级大城市在中国会展方面都面临机遇和挑战。

　　月明兄的研究领域甚广，而且多有独到的心得。"胡"说系列的著述自成一体，图文并茂，严谨而活泼，具有很强的启发性和实践指导性。谨郑重向读者朋友们推荐。

　　是为序。

陈少峰

2013年7月24日于博雅西园

注：陈少峰，北京大学教授、博士生导师、文化产业研究专家

会展现场

自序

　　与众多会展书籍不同的《"胡"说会展》一书，我采用了近似杂文与随笔的写法，林林总总涵盖了会展业诸多话题，多数是自己的工作体会和感悟，庞杂而偏门，算是一本会展工作笔记吧。之所以这样写，主要有三个原因：一是我做会展纯属半路出家，没有系统学习过专业知识，不敢以教科书方式写会展；二是我认为会展业工作流程固然重要，但用心之处多是难以用教材方式来表述的；三是我认为现代会展业发展与创新日新月异，很难给出精确而权威的总结，只有以虔诚的学习态度来探索和体会。

　　学术界总希望对会展业有一个定义式的描述，我十分尊重学者及专家的智慧，但我始终认为实践中的认真探索才是一切理论的基础。学术界也尽量把会议、旅游、节庆活动、展览区分清楚，在理论体系上可能重要，但实践上却恰恰相反，上述领域密切融合，很难用公式化的方式把它们区分得清清楚楚。我采用了含混的写法，注重思路的讨论，不偏执概念、专业术语的纠结。此书目的很明确，一是给对会展业感兴趣的人说说会展是怎样一回事；二是与会展从业人员交流一些体会。多年的工作学习阅历，让我明白一个道理，书本和教材教会我的只是知识和眼界，而真正受益的恰恰是阅历和感悟，许多有价值的东西往往是教材有意或无意忽视的"死角"。这些"死角"可能是智者随手而为的行为，也可能是从未细究过的惯例，还可能是不足与人道的素养，更可能是视而不见的文化背景。这些东西只有用心才能捕捉和感悟。会展业是典型的服务业，服务业致胜的法宝就是消费者满意。抓住这个法宝，才能衍生出会展策划、会展招商招展、会展服务的有效行为。如果会展不能满足客户与观摩者的名誉、利益、体验的预期，一定是失败的会展。

我尽量把本书区分出不同的篇章，方便阅读者各取所需。但没有一个篇章是完整的，没有一篇文章是局限于某个主题的。总体表达一个系统的思想，就是通过会展活动实现会展应带来的自身价值，实现各方在名誉、利益、心理体验的预期。

我深知自己是会展业的"半瓶子醋"，好在有点"勇气"，愿意和读者分享自己的所思所想，会展业方家济济，诚挚欢迎大家点评指正。

目录

会展业概况

第一回　　会展的兴起 ……………………………… 14

第二回　　会展的价值 ……………………………… 16

第三回　　政府与会展一 …………………………… 18

第四回　　政府与会展二 …………………………… 20

第五回　　会展与协会 ……………………………… 22

第六回　　会展的变化 ……………………………… 24

第七回　　会展新趋势 ……………………………… 26

第八回　　会展经济带 ……………………………… 28

第九回　　会展与科技 ……………………………… 30

第十回　　会展细分化 ……………………………… 32

第十一回　网上博览会 ……………………………… 34

第十二回　B2B展会 ………………………………… 36

第十三回　B2C展会 ………………………………… 38

第十四回　混搭式展会 ……………………………… 40

第十五回　会展的规模 ……………………………… 42

博览会掠影

第十六回　世界博览会 ……………………………… 44

第十七回　世博会体系 ……………………………… 46

第十八回　盛大奥运会 ……………………………… 48

第十九回　德国会展业一 ……………………………… 50

第二十回　德国会展业二 ……………………………… 52

第二十一回　德国的启示 ……………………………… 54

第二十二回　新加坡会展 ……………………………… 56

第二十三回　迪拜会展业 ……………………………… 58

第二十四回　法国会展业 ……………………………… 60

第二十五回　戛纳会展城 ……………………………… 62

第二十六回　美国会展业 ……………………………… 64

第二十七回　日本会展业 ……………………………… 66

第二十八回　香港会展业 ……………………………… 68

第二十九回　广州交易会 ……………………………… 70

文化类会展

第三十回　东京动漫展 ………………………………… 72

第三十一回　昂西动画节 ……………………………… 74

第三十二回　爱丁堡会展 ……………………………… 76

第三十三回　巴塞尔会展 ……………………………… 78

第三十四回　解读巴塞尔 ……………………………… 80

第三十五回　深圳文博会 ……………………………… 82

第三十六回　中国网博会 ……………………………… 84

第三十七回　酒店艺博会 ……………………………………… 86

会展的策划

第三十八回　会展的策划 ……………………………………… 88

第三十九回　策划的要素 ……………………………………… 90

第四十回　　参展商期望 ……………………………………… 92

第四十一回　知行要合一 ……………………………………… 94

第四十二回　资源的借势 ……………………………………… 96

第四十三回　会展与旅游 ……………………………………… 98

第四十四回　城市的选择 ……………………………………… 100

第四十五回　展馆的选择 ……………………………………… 102

第四十六回　驻场式会展 ……………………………………… 104

第四十七回　流动式会展 ……………………………………… 106

第四十八回　档期的选择 ……………………………………… 108

第四十九回　节日的会展 ……………………………………… 110

第五十回　　确定开幕日 ……………………………………… 112

第五十一回　评奖的策划 ……………………………………… 114

第五十二回　会展的联动 ……………………………………… 116

第五十三回　VIP展商 ………………………………………… 118

第五十四回　会展主宾国 ……………………………………… 120

招商与招展

第五十五回　会展的推广 ………………………………… 122

第五十六回　会展的招展 ………………………………… 124

第五十七回　招展的激励 ………………………………… 126

第五十八回　招展的代理 ………………………………… 128

第五十九回　海外的招展 ………………………………… 130

第六十回　　会展的招商 ………………………………… 132

第六十一回　数据库招展 ………………………………… 134

第六十二回　招展走出去 ………………………………… 136

第六十三回　个性参展案 ………………………………… 138

第六十四回　展位的置换 ………………………………… 140

第六十五回　工作的精神 ………………………………… 142

第六十六回　用心对客户 ………………………………… 144

第六十七回　功夫在平时 ………………………………… 146

第六十八回　承诺要兑现 ………………………………… 148

第六十九回　票务的销售 ………………………………… 150

第七十回　　抵制给回扣 ………………………………… 152

会展的服务

第七十一回　会展的服务 ………………………………… 154

第七十二回　论增值服务 ………………………………… 156

第七十三回　接站的服务 ………………………………… 158

第七十四回　报到的服务 ………………………………… 160

第七十五回　会展的交通 ………………………………… 162

第七十六回　情感的沟通 ………………………………… 164

第七十七回　服务的限度 ………………………………… 166

第七十八回　会刊的制作 ………………………………… 168

第七十九回　展后有服务 ………………………………… 170

展场的管理

第八十回　　展前的培训 ………………………………… 172

第八十一回　会展的标识 ………………………………… 174

第八十二回　搭建的管理 ………………………………… 176

第八十三回　售卖需谨慎 ………………………………… 178

第八十四回　应急有预案 ………………………………… 180

第八十五回　及时解纠纷 ………………………………… 182

第八十六回　活动宜少精 ………………………………… 184

第八十七回　活动控制力 ………………………………… 186

第八十八回　开幕式细节 ………………………………… 188

第八十九回　为什么开会 ………………………………… 190

第九十回　　会议的主题 ………………………………… 192

第九十一回　会议的组织 ………………………………… 194

内部的管理

第九十二回　网站勤维护 ························· 196

第九十三回　会展数据库 ························· 198

第九十四回　应收款管理 ························· 200

第九十五回　档案细管理 ························· 202

第九十六回　信息的发布 ························· 204

第九十七回　会展期变更 ························· 206

第九十八回　供应商招标 ························· 208

第九十九回　严肃的计划 ························· 210

第一百回　　经营的创新 ························· 212

第一百零一回　会展的人才 ······················ 214

第一百零二回　坚定执行力 ······················ 216

第一百零三回　责任感培养 ······················ 218

第一百零四回　寻找志愿者 ······················ 220

第一百零五回　展场的租用 ······················ 222

有效赴会展

第一百零六回　参展的目的 ······················ 224

第一百零七回　参展的决策 ······················ 226

第一百零八回　有备赴展会 ······················ 228

第一百零九回　会展的借势 ······················ 230

第一百一十回　抓住参观者 ……………………………… 232

第一百十一回　产权的保护 ……………………………… 234

第一百十二回　展后的跟进 ……………………………… 236

第一百十三回　外展的手续 ……………………………… 238

第一百十四回　外展的组织 ……………………………… 240

第一百十五回　外展的问题 ……………………………… 242

第一百十六回　外展的协调 ……………………………… 244

第一百十七回　外展的运输 ……………………………… 246

第一百十八回　展会的礼仪 ……………………………… 248

风险与评估

第一百十九回　　会展的评估 ……………………………… 250

第一百二十回　　鸡蛋分篮装 ……………………………… 252

第一百二十一回　风险必防范 ……………………………… 254

第一百二十二回　会展的保险 ……………………………… 256

第一百二十三回　会展的改进 ……………………………… 258

第一百二十四回　会展的嬗变 ……………………………… 260

后记 ………………………………………………………… 262

会展业概况

会展是会议与展览活动的概括简称。狭义"会展"概念可以理解为独立的会议活动或展览活动；广义的"会展"概念还包括节庆及大型城市文化活动、大型企业活动、赛事活动等。越来越多的综合性地域文化活动都属于广义会展范畴。

会展的兴起可以追溯到古老的集市行为。在几千年前，世界各地都逐渐形成了一种定点、定期的较大规模集市贸易，这种集市贸易不同于长期固定的市场，是一种约定俗成的定期、定点交易者集聚的行为，这就是现代会展业的前身。前期会展的特点是：(1)时点特征。会按照约定俗成的惯性举办；(2)交易为主。前期会展主要以集市贸易形式为主，连带文化交流、餐饮、住宿、交通等服务性业态发展；(3)丰富性。前期会展突出的特点是交易品种和数量的丰富多样，较比正常的市场更具吸引力。

到了19世纪初期，会展的模式发生了很大变化，出现了同业协

北京农业展览馆

上海世界博览会展馆

北京展览馆　　　　　　　　　　　主题公园

会和大型交易会的组织者，他们开始有举办会展的清晰目的，定期、不定期组织行业交易会展。由于会展牵涉场地、食宿、娱乐、旅游、交通、治安等综合问题，政府也开始介入展会的组织。这样展会逐渐成为会展所在地的大事，政府也发现会展业带来的贸易促进、文化交流、税收增加、服务业繁荣等诸多好处，由此，现代会展业的雏形基本显现出来。

　　1851年5月1日，大英万国工业博览会在伦敦拉开序幕，该博览会长达161天（半年），由英国政府组织举办。博览会展示10个参展国家经济成就和文化传统，英国新建的展馆——水晶宫成为纪念性建筑物，观众达630万人次。这次博览会给英国带来了巨大社会效益和经济效益，影响极其深远。此次博览会超出了传统模式下举办的各种贸易博览会，为此后世界各地举办的会展提供了典范。所以，世界会展业都把大英万国工业博览会当做现代会展业的开端。

　　自1851年至今，现代会展业发展迅猛，会展业已经成为许多城市或国家的支柱性产业。160年来由"万国工业博览会"演变而来的"世博会"和因体育赛事形成的"奥运会"，共同成为会展界的"绝代双骄"。带动全球会展业迅速提升，成为各国、各地区、各城市经济发展、文化繁荣的强劲动力。

第二回　会展的价值

会展业自19世纪中期以来发展的速度越来越快，国际性的大型博览会几乎每年都在举办，甚至在同一年里，几个国家都在举办相同内容的国际博览会，可见展会在当时的火爆情形。既然各国如此青睐展会，展会就一定有其不凡的价值。

展会的价值主要体现在如下方面：

一、体现主办方意志

无论会展的主办方是国家、地方政府、协会，还是企业、非营利组织，作为主办方都可以主导会展的定位和方向。尽管国际会展界人士始终存在防止会展政治化、狭隘民族化的抗议，但无法阻止主办方按照一定倾向性来举办会展。而会展是一个广泛参与的平台，主办方都希望通过会展的平台传递自己的意志，这就是现代会展业备受主办方重视的重要原因。

首届中国动漫艺术大展请柬

二、促进贸易交易

会展无论采用何种形式，都会促进贸易和产品交易（个别的学术会议除外）。现代会展业之所以能够吸引参展商参展，主要原因是通过会展的平台，参展商或参观者都会有所收获，要么促进了销售，要么获得了信息，要么开阔了眼界。在21世纪的今天，会展的展示和信息发布的功能有所下降，但面对面的洽谈、同行的结识、彼此的了解、交往的友情等功能一再得到强化。这些都是对产品或服务交易的促进。

三、促进文化交流

有影响的会展，一定是跨区域的集聚。会展期间，无论是展会现

首届中国动漫艺术大展现场

场的交流，还是会场之外的娱乐、游戏、观光、购物、生活等都是文化交流的体验。不仅在专业领域可以互相交流学习，对会展举办地或来自不同区域的会展人群都有文化背景的了解和交流。大型会展活动会吸引近亿人次的参观，小型会展也有千人的规模，对文化交流是积极的促进。

四、带动区域经济发展

会展对交通、旅游观光、餐饮、酒店、购物、娱乐休闲、演艺等领域都有直接的带动作用，物流、会展服务、邮政、艺术等领域也会间接受益。最大的受益者是地方经济。世界上有许多以会展业为主要经济拉动作用的城市，深谙会展业给地方经济带来的巨大利益。

五、扩展举办地的社会影响

会展举办地不仅能够享受经济效益，也会扩大举办地的社会影响，增加城市的国际竞争力，大型会展会对整个城市带来积极变化，促进城市基础设施建设，进而提高城市的国际地位。

当然，不同的会展还有不同的专业价值，一些价值对于主办方会显得更为重要。会展的价值是会展业存在和发展的基础。

第三回　政府与会展一

　　会展业需要政府介入吗？答案是肯定的。文中所提及的会展是指一个企业组织外的会展活动，是需要面向行业、面向社会举办的会展活动，而不是一个组织或企业内部的会议、展览、节庆活动。在现代行政管理范畴中，大规模的社会活动几乎都离不开政府的介入。

　　政府对于会展的介入，在国内大约有以下几个方面。

　　一、会展举办的许可

　　在国内，举办大规模的会展活动，一般需要会展举办地的政府批准。举办全国性、国际性会展，需要有国务院有关部委的批准。因为会展业涉及的领域非常广泛，很难准确说出哪一类展会需要哪一级政府批准，但带有"中国""全国""国际"等字样的展会，一定需要国务院有关部委批准或向国务院备案。多数地方政府会委托商委、文化、科委、贸促会审批，工商或公安部门对大规模会展进行会审备案。开放式会展许可仍属于政府控制活动之列，不同的会展需要咨询清楚后，提前半年左右办理相关手续。

　　二、会展主办的参与

　　在国内，有影响的展会几乎都有政府参与主办的惯例，并非说没有政府部门参与企业就不能主办展会，但由企业主办的展会很难发展起来，这是国内会展业的积弊。政府主办展会，是政府促进会展业发展的举措，但不利于展会持续发展和市场化发展，也不利于会展业充分竞争。政府主办展会，只有委托事业单位或企业承办展会，分不清责任，政企不分、事企不分的问题永远存在，展会的盈亏也不好向纳税人交代。这个问题不仅在国内存在，在世界各地也普遍存在，如

2010年法国安纳西动画节　　　　　　　政府官员在开幕式上致辞

中国动漫游戏展团领导合影留念　　　　国家领导人参观展会

世博会、奥运会这样的超大型会展，如果不是政府主导举办，就很难成功。这个问题已经伴随会展业多年，可能不是几句话就可以说清楚的。在国内，一些展会如果没有政府介入主办，可能参展商都会质疑展会的权威性。

三、会展场所的建设

在国内，绝大多数会展中心的建设是政府投资，直到21世纪才出现民营资本参与的会展中心建设。

四、会展组织的服务

会展，特别是国际性会展，有物流、海关、关税、控制产品与技术、检疫等诸多涉及政府职能部门的手续需要协助办理。包括一些国际会展的海外邀请函，也需要政府部门出面帮助游说招展。

五、会展过程的服务

会展举办过程中，自会展搭建开始前，会有一系列的协调会举办，公安、消防、电检、工商都有例行的手续需要办理。如果活动涉及公共场所聚会，公安部门也要预先审批。如果展会有国家领导人参观，也会有相应的政府部门协助安全工作。

第四回

政府与会展二

会展在我国政府管理方面处于比较含混的局面，这主要是因为会展活动包含的范围太广和会展的性质太复杂两个原因引起的。无论是政府行政管理，还是会展学研究者，都难以把会展的属性界定清晰，所以，一部分会展是需要报批的，一部分会展是无需报批的。政府管理部门也很难界定到底应该管理到什么程度，到底是政府的哪一个部门应该行使管理职能。

一、下面几类会展需要商务部门批准：(1)国际贸易类会展；(2)外商在中国设立的展览机构举办的会展；(3)国内会展公司到国外办展。

二、举办商品展销会（是指由一个或者若干个单位举办，具有相应资格的若干经营者参加，在固定场所和一定期限内用展销的形式，

会展的酒会

作者与参展商

政府官员接受采访

会展酒会

以现货或者订货的方式销售商品的集中交易活动）由各级工商行政管理机关对商品展销会进行登记和监督管理。举办商品展销会，应当经工商行政管理机关核发《商品展销会登记证》后，方可进行。未经登记，不得举办商品展销会。

三、举办文化类会展需要各级文化主管部门批准，举办国际文化会展，需要国务院或国务院组成的主管部委批准；举办在香港、澳门、台湾的文化会展，需要国务院的港澳台办批准。

四、企业或事业单位等机构有上级主管部门的，在举办会展时，还需要经上级主管部门批准。未经国务院有关行政主管部门批准，各类会展名称不得使用"中国""全国"等字词。

五、在广场、公园、会展中心举办面向公众的会展，还需按照公安部门或政府大型活动管理部门的规定进行申报或备案。

政府对会展的管理涉及商务部门、工商部门、行业主管部门、公安部门、贸促会、海关、消防等诸多部门。有些地方政府设置了综合会展办，对当地所有的会展活动统一协调管理，有些地方政府在商务部门设置了会展管理部门，但是，现在的会展活动越来越多，会展涉及的领域也越来越广，纯粹的展销会只是会展形式的一种，所以，政府对会展的管理也莫衷一是，出现比较含混的管理局面。

企业组织封闭性的会展活动，如果范围不大，可以按照正常的企业内部经营行为处理。如果举办开放式的会展活动，就需要按照当地政府所要求的手续办理会展审批，避免出现行政干预事项。

第五回 会展与协会

了解国际会展业的人都清楚，国际性会展除了大型世博会、奥运会之类的会展活动有政府明确的支持意见之外，多数会展都是由行业协会、学会等行业组织来作为发起人或主办方的，这与我们国家主要会展都是政府或部委局办为主办方的情形有明显不同。

我国以政府为会展的主要发起人状况与本国社会体制有密切关系，一些主要会展产生于计划经济时代，政府作为计划经济的主体也只能充当这样的角色。自此，这种做法就延续下来，形成了目前现状。这种政府作为会展主办方的做法也并非一无是处，由于国内会展业管理手续比较繁琐，政府作为会展主办方会保证审批手续比较流畅，同时也在会展信誉方面有一定的保障。但是，这种做法与市场经济体制是矛盾的，因为会展毕竟是市场化行为，政府作为市场经济的调控者、管理者、服务者不适合充当具体参与者的角色。2013年选举出来的新一届中国政府明确提出加快发展协会、学会等行业组织的建设，预计在会展业也会出现一个新的时代，那就是政府会逐渐退出主办方的角色，放手让行业组织来主要承担会展主办方的角色。

行业组织充当会展的发起人或主办方、指导方有以下好处：(1)行业组织最了解行业的状况和发展趋势，最了解行业的需求，在此基础上发起会展，能够做到对行业的真正帮助；(2)行业组织对国内外行业从业企业最为了解，拥有数据库资源，可以精准确定会展领域和范围，便于形成行业强势会展品牌；(3)行业组织有比较清晰的同类企业划分界限，例如在美国，电影业会分出制片人、院线、编剧、演员、影视制作技术等诸多行业组织，有利于迎合会展细分化、专业化趋

中国会展期刊

作者与参展商

势；(4)行业组织不仅在产品及服务交易方面可以促进会展，也可以在学术及技术交流、行业发展趋势探讨等方面促进论坛、研讨会、经验分享等高水准的专业会议交流；(5)行业组织也可以通过会展平台促进行业自律和行业整体提升。

我国行业组织建设还处于初级阶段，无论是数量上，还是功能上都处于低水平阶段，最主要的原因是政府对行业组织的模糊态度，要么希望行业组织成为政府控制的传声筒，要么不真正希望行业组织成为独立力量。这种模糊态度不是来自于个别官员，而是计划经济体制形成的集体思维惯性。但最终行业组织会成为市场经济体制下一种第三方力量，这也是市场经济发展的必然规律。

　　前文提及的世博会、奥运会等大型会展，都属于综合类会展。综合类会展是指主题宏大，行业覆盖面广，参与广泛，社会影响较大的会展。这类会展是传统会展的沿袭模式，也是最常见的展会模式。综合类会展是相对细分化会展而言的，细分化会展是指主题明确，专业性突出，参与对象局限，行业影响较大的会展。综合类会展与细分化会展各有利弊，但总的说来综合类会展处于萎缩趋势，逐步让位于细分化会展。

　　综合类会展举办的主要目的是就某一主题进行广泛的交流，类似于传统的集市贸易，在一个会场里集中了多种多样的商品，面向大众，展会的规模和影响都很大；细分化会展举办的目的就是局限于一个专题开展交流，类似于产品专卖店，参加会展活动的人群目的很明确，会展活动也局限于有限的范围。

　　由于交通条件的改善和通讯技术的进步，人们不再为产品的丰富性所困扰，不用在意在一个大型综合类会展上买回各种各样的商品，而是希望在更细分化的会展上解决特殊的需求。比如在医疗领域，以前大家热衷参加医疗器械展，现在则热衷参加更细分化的牙医设备器械展或心血管专用器械展，细分化的会展所举办的会议或论坛也更具备针对性。文博会是综合类会展，尽管会划分各个展馆的主题，但对于业界人士不如参加细分化文化会展更容易解决问题。比如演出娱乐业人士更希望参加演出娱乐博览会，美术界人士更愿意参加艺术博览会。这就是细分化会展在当代越来越受到青睐的主要原因。

　　举办哪类的会展有利，不能一概而论。也不能简单说细分化会

展场广告

展优点突出，或说综合类会展就一无是处。这主要按照主办方举办会展的目的来确定会展的模式。比如建国60周年，各地要反映60年来建设成就，对于城市政府而言，就要举办综合类的会展，全面展示城市在社会、经济、文化、生态文明方面的综合性成果；对于职能部门来说，就可能举办细分化的会展，主要展示某一领域的建设成果。前文提及的世博会，最初主要展示工业技术和艺术两个方面的主题，后来扩展到各个领域，成为综合类会展；奥运会也是专门的体育运动会逐步扩展为综合性文化活动。从社会影响和传播广泛的角度看，综合类会展比细分化会展更具优势；从专业性和专题性而言，细分化会展更具特点。

对于市场化运营的展会，在当代更要关注细分化展会，特别是缺少政府特殊支持的展会，更要通过细分化展会来树立品牌会展经营的战略。

第七回　会展新趋势

　　展会进入21世纪后开始出现一些值得关注的变化趋势。这些趋势对会展业发展战略会产生重大影响，需要慎重观察和做好应对的准备。

　　一、各国政府越来越重视重点会展的举办。会展业是商品经济发展的产物，原来所承载的主要是贸易交流功能，自19世纪末期开始，西方列强国家逐步意识到会展所凸显政治地位和文化地位的功能，开始重视并以国家意志介入重要会展事务中。20世纪，特别是二战之后，重要会展活动更成为一个国家全面展示综合实力的舞台，各国也体会到重要会展对国家综合方面的促进作用，于是，一些重要会展的申办活动都得到政府的支持和重视，国家元首也不遗余力地为本国申办活动开展外交攻势，像奥运会、世博会这样的综合性会展，已经很难想象没有国家政府力量支持会举办成功了。

　　二、会展活动成为服务产业的重要力量。几乎所有的城市管理者都在思考城市产业的布局，服务业既有带动就业的好处，也有综合拉动城市繁荣的益处，文化观光服务业，是服务业中最优化的产业，而会展业是文化观光业中最具主动性活跃因素，如果地方政府能够推动会展业发展，对地方城市将带来社会效益和经济效益的综合利益，这也是会展业快速发展的内在动力。中国许多城市组建了会展委员会或办公室，负责协调和促进地方会展业的快速发展，不仅场馆等基础设施建设迅猛，展会的规模和数量也快速增长。

　　三、会展业趋向专业化发展。国内会展业经过几十年的发展，加之走出国门学习借鉴国外会展业的经验，国内会展业在21世纪有了长足发

2009 年 10 月 28 日动漫艺术大展

展，特别是北京奥运会、上海世博会的成功举办，极大地增强了会展业信心，无论是会展人才、会展服务，还是会展策划、会展模式都越来越专业化，国内的会展业进入全面提升的阶段。国外会展出现集团化专业运营的格局。

四、国际会展巨头全面介入中国会展领域。会展业总体属于商业范畴。改革开放后，国家对会展业经营采取支持发展的态度，对会展经营不再做更多的限定，国外许多会展界巨头企业纷纷采用多种形式介入中国会展业，不乏以合资经营、项目合作、战略联盟、区域代理、分支机构等形式介入国内会展领域。我不能预言这样的强势介入结果会怎样，只能说现阶段对国外会展企业是一个业务拓展的黄金时机。

五、市场化运营的品牌展会处于高速成长期。一些民营或民营合资企业举办的会展，利用体制的灵活性和专业化机制，正培养一批优秀的会展品牌，虽然国际化还有一定差距，但前景非常看好。

此外，相对传统会展而言，互联网上运营的网上博览会形式正呈现快速发展趋势。

第八回 会展经济带

中国自改革开放30多年来，国内会展业在各城市发展迅速，尤其以北京、上海、广州、大连、成都五大会展城市最为活跃，其他省会城市和经济发展计划单列市也认识到会展经济的好处，体现出在会展基础设施建设、会展品牌培育方面的极大热情，总体上形成了"环渤海、长三角、珠三角、东北、中西部"五个会展经济产业带。

一、环渤海会展经济带。以北京为中心，以天津、廊坊等城市为重点，其会展业发展早、规模大、数量多，专业化、国际化程度高，门类齐全，知名品牌展会集中，辐射广。

二、长三角会展经济带。以上海为中心，以南京、杭州、宁波、苏州、南通、义乌等城市为依托的会展产业带已经形成。该产业带

展场广告

起点高、政府支持力度大、规划布局合理、贸易色彩浓厚、受区位优势、产业结构影响大，发展潜力巨大。

三、珠三角会展经济带。以广州为中心，以广交会为助推器，以深圳电子展会、深圳文化产业博览会、珠海、厦门、东莞、中山等会展城市群，形成了国际化和现代化程度高、会展产业结构特色突出、会展地域及产业分布密集的会展经济带。

四、东北会展经济带。以大连为中心，以沈阳、长春、哈尔滨等城市为重点的会展经济带，依托东北工业基地的产业优势及东北亚的区位优势，形成了长春的汽博会、沈阳的制博会、大连的服装展、软件博览会等品牌展会。

五、中西部会展经济带。以成都为中心，以重庆、西安等城市为重点的会展经济带，通过不断发展，现已形成了成都的西部国际博览会、重庆的高交会、西安电子展会等品牌展会。

此外，南宁、昆明、乌鲁木齐、兰州、银川、西宁等省会城市会展业也呈现较快的发展势头，特别是一些国际化区域展会逐步形成了一批品牌会展，海南的博鳌也成为知名的国际会议中心。

国内的会展经济迅速发展的同时，也暴露出许多问题，这些问题主要有：(1)会展数量多，但综合效益不高；(2)同类会展重复，难以形成品牌会展；(3)政府主导特征明显，缺乏市场化运营能力；(4)会展硬件设施明显改善，但会展服务不够专业；(5)具有国际竞争力的会展品牌稀缺；(6)特色会展少；(7)专业性会展缺乏核心价值。此外，国外会展公司正全力开发中国会展市场，国内会展业难以抗衡。

展场广告

第九回　会展与科技

　　科技手段一直是会展的辅助伙伴，人类历史上每有科技进步，许多科技手段都会快速应用到展览业之中，特别是进入21世纪之后，科技对会展的支持作用越发明显，无论是会展企业还是参展商都要密切关注科技手段在展览业的应用。科技手段在展览业的应用主要体现在以下三个方面。

　　一、互联网对会展业务的支撑作用。互联网已经广泛应用在人们的生活之中，对展览业的帮助主要体现在：(1)办公管理。互联网已经成为会展公司开展工作的基础方式；(2)数据库管理。客户关系管理是会展公司关键业务，成熟的会展公司一般要建立三个数据库，参展商数据、专业观众数据及合作客户数据。通过互联网技术使得数据库管理更加方便；(3)官方网站。官方网站在会展业务中的地位越来越重要，不仅是会展公司信息发布的窗口，也是会展服务的长期平台，越来越多的互动业务移向官方网站平台。此外，网上博览会的业务更是互联网技术创造的新兴业务模式。

　　二、科学技术对展览展示的助力。科技手段的应用使展览展示效果更加生动。声光电技术、数字技术的应用，使得参展商展示手段不断创新。文字资料、重复讲解逐步为视频演示、光盘赠送、科技展台等新方式取代。传统的展示手段发生了根本变化，静态展示变为动态展示；平面展示变为立体展示；单向展示变为互动展示；广电设备、电子展具越来越多地应用在展览展示过程中。参展商可以应用独特的科技展示手段，把呆板展示化腐朽为神奇，最大限度突出企业展示亮点。同样，在搭建的作业中，专用机械也发挥了重要作用。2011年我

会展现场

在拉斯维加斯国际品牌授权展上目睹了迪士尼展位的搭建，在几位工程师的电脑操控下，用机械手段在很短时间里组装了展台，整个展台外观就是一个巨大的多媒体立体幕墙。

三、新媒体信息技术对会展的宣传推广作用。传统的展会宣传更主要地依赖传统传播方式，报纸、杂志、户外广告、路旗、海报、宣传邮件或DM杂志。而当代会展更多地依赖新媒体渠道，互联网、手机、电子邮件、微博、微信、电子刊物、多媒体视频广告等方式更适合目标人群精准推广。新媒体的时效性、生动性、互动性、趣味性、忠诚性都优于传统传播渠道。电子滚屏、视频公告、手机短信通知、WIFI环境、客户身份确认等科技手段也广泛应用于会展现场管理及服务之中。

会展专业化和主题细分化是当今国际会展业的趋势。无论是B2B模式会展，还是B2C会展，主题明确，范围适当的会展都具备发展的潜力；而主题宏大，范围宽泛的会展大都面临着日益艰难的发展困境。

我2003年参与首届中国国际网络文化博览会（以下简称"网博会"）的展览，并自2004年连续承办了九届网博会，与此同时，上海也连续举办了九届中国游戏博览会（以下简称"CHINA JOY"）。我以这两个类似的文化博览会为例，说说细分化展会的益处。

"网博会"和"CHINA JOY"两个展会极其相似，无论是会展主办背景，还是承办方式、招商对象、展会模式都大同小异，两个展会都面临相同的问题，就是都与政府背景密切相关，实际上都对展会未来的市场化运营造成一定的障碍。这两个展会最大的不同，就是"网博会"是综合性主题的展会；而"CHINA JOY"是仅定位于游戏娱乐主题的展会。两个展会都运营了十年，忽略客观因素影响不论，"CHINA JOY"运营前景好于"网博会"，我认为主要的原因在于"CHINA JOY"定位精准。

网络文化覆盖的领域宽广，比如动漫、游戏、网络内容、无限网络内容、网吧、网络音乐、网络文学等一切与互联网有关的文化范畴。如果在十几年前策划网络文化主题的博览会，"网博会"定位的策划还是领先的。但时至今日，互联网几乎颠覆了人们的文化生活方式，"网博会"的定位就显得难以把握了。而"CHINA JOY"定位于游戏娱乐，尽管因时代的技术进步，游戏也在发生变化，但游戏是一个可以把握的范畴，这就有利于展览的区域划分和把每一区域主题深入的落实。客观上，国内网络游戏有知识产权技术保护的优势，实现了商业模式，成为网络文化领域中经济效益最好的行业，这些企业如果选择参加展览，也要选择主题明确的展会。

从上述的例子可以看到：细分化展会的最大优势在于定位精准，有利于专业发展，形成竞争壁垒和竞争优势。但细分化展会策划过程中也必须注意，细分主题是有极限的，不能无限细分。如果没有足够的参展商或展会客户的体量，这样的展会就没有规模的效应。细分到一定范畴，不仅有利于定位精准，也会给会展未来持续发展留下足够的空间。

网博会现场

第十一回　网上博览会

21世纪初期，互联网技术得到迅速发展，特别是以Web2.0技术为基础的互动互联网技术出现以来，无限互联网、3G、4G技术应用的推广，互联网对世界的影响是巨大的，如果在一定程度讲，互联网对传统的生活方式是颠覆性的改变也是不为过的。互联网对传统的会展方式影响也是深刻的。

最大的影响体现在两个方面，一是对传统会展需求的削弱。传统会展主要依赖人们对产品品种和现场观展的需求，但互联网已经可以让人们足不出户就可以全面满足以上需求。互联网上不仅产品信息丰富，而且可视、可查阅详细信息，所以，近十年来商品交易为主的会展明显减少；二是互联网现在可以提供虚拟的线上博览会，这种网络博览会通过软件的研发，可以提供线下传统展会的主要服务项目，除了没有现场的真实感觉外，方便观众系统、全面、详细了解展品信息，需要咨询的问题，也可以通过BBS、电子邮件、咨询电话、业务电话、传真等手段进行沟通。销售和交易可以通过物流、快递、电子支付系统等方式实现。

欧美一些国家的企业致力于会展网络展示软件的开发，目前这些国家已经有比较成熟的网络博览会软件及运营商。2003年，我在文化部文化市场司的支持下，以中国文化市场网为基础，联合广东的中国音像网共同组织了"中国音像网上博览会"，集中了国内近百家音像商及音像出版社，在互联网上展示企业音像制品。在当时，还算比较创新的做法，后来又在中国文化市场网开设了中国演出网上博览会等专题。基于当时的技术（尚无应用Web2.0技术）条件限制，还无法

展览新技术应用　　　　　　　　　　　新媒体展览服务

网络展览演示　　　　　　　　　　　网络展览软件服务商

做到线上互动功能，但对企业宣传推广产品及服务起到了积极作用。

2008年以后，基于Web2.0技术的网络博览会软件基本成熟，网络带宽条件也更加改善，不仅网络博览会在网上平面展示更为容易，立体三维展示也成为现实。目前，基于英特网、苹果平台、安卓平台的网络展示技术都广泛应用到网络展示上。阿里巴巴的成功实际就是网络博览会技术应用的成功。许多传统展会也以网络展示为落地展会的辅助延伸服务手段，线上与线下结合，为参展商提供更周到的服务。

第十二回

B2B 展会

　　许多半路出家的会展人几乎都和我一样走过一段弯路，就是对展会B2B、B2C模式没做过认真研究，认为照葫芦画瓢，举办一个展会并不是难事。我做了五年会展后，才真切体会到会展模式的重要。会展模式决定了会展的商业模式和持续发展的关键。

　　刚刚进入会展业务就听说了B2B、B2C会展模式。在理论上讲，B2B模式就是观众针对企业目标客户的专业展会；B2C会展模式就是观众针对社会公众的展会，字面意思很好理解，但两种模式办展的后果是完全不同的。先说说B2B模式展会。

　　在文化会展中，许多展会要办得轰轰烈烈，办出影响来，只能选取B2C模式。但对于文化企业而言，参加B2C模式展会往往只是起到

会展身份确认

会展序厅

展示和宣传的作用，对企业业务开展并没有多少帮助。而B2B模式的会展往往能够给企业很多专业或销售的帮助，文化企业最应该参加这类会展。

　　戛纳每年举办的国际音乐博览会、美国举办的国际品牌授权博览会等都是B2B模式的文化类会展，这类会展只对专业参会者开放，一般具备以下特点：(1)参展和观展都需要提前注册。无论是参展商，还是参会人员都需要提前登记参会信息，现在多数此类展会采用网络注册方式为主，信函登记为辅的登记方式，需要展会举办方确认后才具备参展资格。(2)展会现场一般封闭进行，不受理临时参观观众。(3)采用展会前预约洽谈方式。举办方会在网站上提前公示参展商信息，专业观众需要提前与参展商预约洽谈的时间，否则，在展会上很难安排洽谈机会。(4)展台搭建除了必要的展商信息外，主要是备好洽谈座椅。(5)会议和论坛也需要提前预约，并且会议专题性很强。这类展会以洽谈业务为主，许多准备工作要在展会之前做好。

　　B2B文化展会适合交易、销售、深度学术交流、企业政策宣讲、上下游合作业务洽谈。如果文化企业参加此类会展，必须精心做好准备，否则，可能只是走马观花巡视一下展会，极少有机会促成交易。目前，在中国举办的B2B文化会展主要有北京的国际舞台灯光音响展、上海的国际乐器展、上海国际品牌授权展、香港的国际品牌授权展等专业会展。轮流在各地举办的影视新片博览会、演出交易会、图书展也多数采用B2B模式。

　　B2B会展模式正逐步成为市场化会展运营的主要形式。

第十三回 B2C 展会

与B2B展会封闭模式不同的展会形式是B2C开放模式。B2C展会主要是面对社会各界观众开放观摩。这类展会的考量主要看吸引观众的多少，如果观众偏少，往往意味展会举办的不成功。B2C模式很适合文化类会展，特别适合宣传主张、塑造社会形象、扩大企业影响、促销文化产品、展示企业成就等业务需求。这类的会展主要有庙会、嘉年华、游戏展、文化展、艺术节、啤酒节、旅游文化节、游园、庆典、狂欢节等多种形式，主要吸引更多的社会观众参与。

B2C文化展会的主要特点是：(1)规模大。前文提及的世博会、奥运会等都是此类展会，其规模偏大，筹备工作繁杂，牵涉部门广泛。(2)会展收入主要依靠门票收入。B2C模式会展为了吸引观众，可能要引进一些有眼球吸引力的组织或项目加盟，无法做到展位场地的全部销售，而此时门票收入就显得格外重要。例如，上海举办的世博会，参观门票收入就是主要收入。(3)时间较长。公众会展因组织的筹备期长，收入又依赖门票收入，所以要适当延长展会举办时间，以达到吸引观众参观的目的。(4)对综合效益拉动效果明显。B2C展会以吸引更多的观众为目的，会有效促进交通、餐饮、酒店、购物、旅游、娱乐等行业扩增营业额，对会展举办地综合经济效益贡献明显。(5)综合协调要求高。大型B2C会展（指观众超过30万人，单日参观人数超过3万人）对会展举办地影响明显，需要协调多重关系，一般要谋求当地政府的支持配合。(6)对安全性要求高。由于B2C展会属于人群聚会行为，对人身安全、财产安全、火灾安全、交通安全都有较高要求。

国内政府也会在节假日组织B2C模式公众展会，也有可能采用门

B2C 会展

票免费的方式为政府所在地市民提供休闲娱乐福利，展会的管理与市场化运营的会展大同小异。B2C类会展原则上都需要有政府报批和相关部门备案手续，会展举办地的公安部门会对观众人流进行监管，人群过于密集时应采取管制措施，预防出现安全事故。

在大型B2C展会上有可能套开B2B模式的专业会议或展览，但效果一般不会很好。主要原因是会展环境和氛围不适合封闭展览或会议，B2C模式会展的展示理念与目的同B2B模式是很难兼容的。中小型B2C为主的展会就更不宜套开专业会议。现在流行的做法是B2B模式与B2C模式分时段举办的混搭模式。

会展外景

会展安检

第十四回 混搭式展会

　　会展因行业或主题、目标客户的不同，采用的会展模式也不同。封闭式的B2B模式专业会展与开放式B2C模式的公众会展各有千秋，前者目的性明确、体现效率和价值；后者宣传效果明显、有利于推广和应用。一些会展的确兼有两种需求，于是会展业逐步采用展期分割的方式推出了混搭式展会。

　　混搭式展会并不是今天的创新，会展业前身就可以看见兼顾不同需求的例子，比如过去的集市，每个商人都会采取批发、零售相结合的经营方式，不会对客户做出专业客户、普通客户的定义。早期的世博会，展览的主线一直是工业文明成果和艺术品兼具，也没有对观众做出明确的区分，现代展览业趋向细分化，才相对精准地把观众划分为专业观众和普通观众。专业观众是指契合展览行业或主题的管理者、从业者或相关研究者、密切关联者、经销商、产业链关系人，这些人群对展览举办目的有直接支撑作用。而普通观众可能是兴趣相关

会展现场

东京动漫节中国展台　　　　　　　　　　　　作者与会展代表

人或无明确动机的观摩人，对展览目的不具备直接支撑作用。比如，国际机床展，普通观众最多是看看热闹，发发感慨。而专业观众可能会产生购买、租赁、合作、学习技术等行为。像国际机床展这样的展会，就没有必要办成公众展。而一些与公众文化需求、物质需求相关的展会，就可能出现专业观众和普通观众都愿意参观的情况。比如电子游戏机展览，既有软件开发、技术交流、经销代理的专业观众需求，又有消费者试玩体验、市场宣传推广等面向普通消费者的需求。这样的展会适合采用混搭式展会模式。

现在通用的混搭展会模式一般采用展览前期面向专业观众、展览后期面向普通观众的做法，前半期仅接待专业观众，封闭管理，主要是营造安静的商务环境，便于参展商与专业观众洽谈商务。

混搭式展会管理的难度在于：(1)展览展示要兼顾不同需求，有可能顾此失彼；(2)专业观众与普通观众区分不清，导致环境喧嚣，影响商务洽谈；(3)专业观众数量过少，影响参展商情绪；(4)参展商需要配备不同部门人员参展，加大参展成本。

如果纵观世界前百位最有影响的会展品牌，会发现五分之四的会展是B2B模式的专业会展，一般不考虑公众开放日，这与上述管理难度有密切关系。

会展的规模

　　会展不是标准化产品，很难以精确的数据来区分规模。我查阅了国内外的有关资料，各国对会展规模区分都没有统一的标准。因为会展包含的范畴很广，展览、会议、活动、节事、奖励旅游、主题旅游、庆典、仪式、嘉年华、主题公园等业态都与会展行为属性类似，也有可能出现各种活动形式融合在一起，所以，无法科学地给会展规模做出精准区分。

　　会展活动中，最直观的数据就是活动场地面积、参与企业数量和观众人数、活动持续的时间，而展览面积和参与人数是主要参考因素。作为学术探讨，我认为可以按照这两个因素来划分国内会展规模。按照会展活动面积，可把5000平方米以下的会展划为小型会展；5000平方米至30000平方米的场地划为中型会展；30000平方米以上至100000平方米的面积划为大型会展，100000平方米以上的面积划为超大型会展。会展集聚人数在10000人次以下的活动可划为小型活动；集聚人数在10000人次以上至100000人次的活动可划为中型活动；聚集人数超过100000人次以上至300000人次的活动可划为大型活动；聚集人数超过300000人次以上的活动可划为超大型活动。这种划分依据是有中国特色的，国外由于城市规模、城市人口规模的原因，对会展规模的评价标准都低于上述划分标准。

　　会展规模的划分主要有三个方面的意义：(1)统计学的意义。通过指标分类，可以直观地感受行业发展综合水平；(2)对城市管理的意义。会展举办地政府可以通过会展规模确定政府的调控举措；(3)对会展举办人的意义。对于会展举办人而言，会展的不同规模，不仅说明

户外展览休息区

主通道休息区

咖啡区搭建

不雅的展会行为

会展公司的业绩，更重要的是会展公司应对不同规模的会展配备不同的人力、物力、财力，规模的由小到大，意味着管理的难度和要求逐步提高。

对于市场化运营的会展而言，在理论上会展收益与会展规模是正比的关系，规模越大，会展举办人的经济效益越好，因为会展的固定成本有一定的限度，会展规模越大，边际效益越明显。但在实际工作中，如果会展公司的能力与会展规模不匹配，就会导致贪多嚼不烂，会展社会效益和经济效益都可能出现大问题。

原则上，会展公司，特别是新创建的会展公司应先从中小型会展着手，积累足够的行业经验和市场资源后再涉足大型会展。这也是发展战略问题，会展公司要冷静地处理生存与发展的辩证关系。

博览会掠影

　　前文介绍过，在古代农耕社会，人们往往在庆丰收、宗教仪式、欢度喜庆的节日里展开交易活动，后来逐渐发展成为定期的、有固定场所的、以物品交换为目的的大型贸易及展示的集会，这就是会展的缘起。公元5世纪，波斯举办了第一个超越集市功能的展览会。18世纪，随着新技术和新产品的不断出现，人们逐渐想到举办与集市相似，但只展不卖，以宣传、展出新产品和成果为目的的展览会。1791年捷克在首都布拉格首次举办了这样的展览会。随着科学技术的进步，社会生产力的发展，展览会的规模也逐步扩大，参展的地域范围从一地扩大到全国，由国内延伸到国外，直至发展成为由许多国家参与的世界性博览会，这也就是世界博览会的雏形。

　　1851年，大英万国工业博览会成为了全世界第一场世界博览会，博览会在英国首都伦敦的海德公园举行，展期是1851年5月1日至10月11日，主要内容是世界文化与工业科技。其展会定语中的"Great"有伟大的、很棒的、壮观的意思，借此博览会英国在当时展现了工业革命后技冠群雄、傲视全球的辉煌成果。大英万国工业博览会和1867年巴黎世博会已经具备了现代世博会的基本模式。此后，多国参加的以工业、艺术、人文为主要内容的大型博览会逐渐成为一种展览的主要模式。

　　多个国家此起彼伏的举办综合性博览会，在给展览业带来繁荣的同时，也带来诸多问题，比如秩序的问题、争夺参展商的问题以及展商利益得不到保证的问题。1851年到1931年，各国共举办了80次大型博览会，几乎每年一次。其实，1867年巴黎博览会之后，英国等6个国家就签署了一个《巴黎公约》备忘录：控制博览会的规模和会展期限；在申办国轮流举办博览会；整顿分类体系以及更加关注展品的质量。几经周折，国际展览局的内部条例自1931年1月起通过。以后多次修改，特别是1972年协议，修改了《巴黎公约》，使国际展览局的构架变得更加稳定和灵活。国际展览局是专门从事监督和保障《国际展览公约》的实施、协调和管理举办世博会并保证世博会水平的政府间国际组织，现在约有90多个国家或地区为签约成员，构筑了世界博览会比较完善的运作体系。

会展现场

第十七回　世博会体系

按照国际展览局的最新规定，世界博览会按性质、规模、展期分为两种：一种是注册类(以前称综合性)世博会，展期通常为6个月，自1995年起，每5年举办一次；另一类是认可类(以前称专业性)世博会，展期通常为3个月，在两届注册类世博会之间举办一次。注册类世界博览会不同于一般的贸易促销和经济招商的展览会，是全球最高级别的博览会。认可类博览会分为A1、A2、B1、B2四个级别。A1级是认可类博览会的最高级别。中国申办的2010年上海世博会属于注册类世博会。

综合性世博会，也叫注册类世界博览会。涉及的内容范围比较广泛，规模也比较宏大，展出的时间往往要5到6个月。自1851年英国伦敦举办第一届展览会以来，世博会因其发展迅速而享有"经济、科技、文化领域内的奥林匹克盛会"的美誉，并已先后举办过40届。最近这几年的综合性世博会就是2000年的德国汉诺威世博会，2005年的日本爱知世博会，然后就是2010年的上海世博会了，上海是第41届世博会。专业性世博会，也叫认可类世界博览会，展出的内容比较专业，比如说海洋、环境、运输、信息、园艺等内容。我国1999年在昆明举办的世博会就是一个专业博览会，主题为园艺。

2000年，德国汉诺威世博会，主题是"人类、自然、科技"，参展国家和组织共计172个，为往届世博会参展国家、地区和组织最多的一届。

2005年，日本爱知世博会，主题是"自然的睿智"，是距上海世博会最近的一次注册类世博会，中国馆接待观众570万人次，为接待观众最多的展馆。

2010年上海世博会，是第41届世界博览会。于2010年5月1日至10月31日期间，在中国上海市举行。此次世博会也是由中国举办的首届注册类世界博览会。上海世博会以"城市，让生活更美好"（Better City，Better Life）为主题，创造了世界博览会史上最大规模记录。同时超越7000万的参观人数也创下了历届世博会之最。举办地点：上海市中心黄浦江两岸，南浦大桥和卢浦大桥之间的滨江地区。会期共184天。吉祥物：海宝；参展方数量：240个国家地区组织；投资成本：约450亿人民币；会场面积：5.28平方公里；参观人数：7308.44万人；形象大使：成龙、郎朗、姚明。上海世博会对上海乃至中国的经济拉动和社会影响都是巨大的。

2015年意大利米兰将举办第42届综合性世博会，其主题是"给养地球，生命的能源"。在历史上，米兰曾于1906年承办过世博会。目前米兰市拥有占地200万平方米、室内展出面积47万平方米的新展览中心，并为世博会规划了占地200公顷的世博城，建成后将包括12万平方米的国家展馆面积、可容纳12000名观众的剧院、6000个座位的会堂、主题展馆和公园及配套的交通、酒店、商业设施，届时将利用完善的条件为世界各国展团和观众提供高水准服务。

会展现场

第十八回

盛大奥运会

奥林匹克运动会（简称奥运会）（Olympic Games）是国际奥林匹克委员会主办的包含多种体育运动项目的国际性运动会，每四年举行一次。奥林匹克运动会最早起源于古希腊，因举办地在奥林匹亚而得名。奥林匹克运动会现在已经成为了和平与友谊的象征，它是一种融合了体育、教育、文化为一体的综合性、持续性、世界性的活动，也是一种文化的传播体现，这中文化的传播和融合在奥运会中能得到充分的展示。

公元前9世纪，伊利斯王国的统治者伊菲图斯（古代奥运匹克的创始人）努力使宗教与体育竞技合为一体。他不仅革新宗教仪式，还组织大规模的体育竞技活动，并决定每四年举行一次。时间定在闰年的夏至之后。公元前5世纪，雅典国王希庇亚斯开始为古代奥运会编制届次。

公元2世纪后，基督教统治了包括希腊在内的整个欧洲，倡导禁欲主义，主张灵肉分开，反对体育运动，使欧洲处于一个黑暗时代，奥运会也随之更趋衰落，直至名存实亡。公元393年罗马皇帝狄奥多西一世宣布基督教为国教，认为古奥运会有违基督教教旨，是异教徒活动，翌年宣布废止古奥运会。

1858年，希腊发布了《奥林匹克令》，并于1859年10月1日在雅典举办了第一届泛希腊奥林匹克运动会。1889年7月，在法国巴黎召开的国际田径代表大会上，后来被人尊称为"奥林匹克之父"的法国教育家皮埃尔·德·顾拜旦（Pierre de Coubertin）首次公开了他恢复奥运会的设想。1891年1月，顾拜旦以法国田径协会联合会秘书长

会展现场

的身份，向全世界几乎每个体育组织和俱乐部发出邀请，邀请各方参加于1894年6月16日在法国巴黎索邦神学院召开的国际体育运动代表大会，此次大会为第一届奥林匹克代表大会。6月23日，大会通过了成立国际奥林匹克委员会的决议，为了纪念这个日子，每年的6月23日成为"国际奥林匹克日"（International Olympic Day）。

经过多年的努力和培育，奥运会已经形成夏季奥运会、冬季奥运会、残疾人奥运会、特殊奥运会（是基于奥林匹克精神，专门针对智障人士开展的国际性运动训练和比赛）、听障奥运会、青年奥运会等复合体系的运动赛事组织，并形成了诸多文化象征的仪式。由于奥运会已经不再是简单的体育运动会，已经成为世界最大规模的综合性文化会展活动，成为广受欢迎的全球文化盛事，现在的申办权争夺也愈演愈烈。经过两次申办，中国北京成功获得了举办2008年夏季奥运会和残奥会的资格。

第十九回　德国会展业一

　　会展业最强的国家当属德国，在各行业久负盛名的品牌会展中，德国独占了三分之二的品牌会展资源，可见德国在会展业中的强势地位。业界人士总结了德国展览业的成功经验，认为德国展览业之所以能在全球展览业日益激烈的竞争中傲视群雄，不仅是因为德国拥有悠久的博览会传统和一流的展馆基础设施，而且更在于德国展览会举办单位具有独特的经营理念。

　　一、政府强力介入的经营模式。与世界各地的大型展览公司不同，德国的展馆全部由各州和地方政府投资兴建，展览公司由政府控股，实行企业化管理。如位于汉诺威的德国最大的展览公司——德国展览公司由下萨州政府和汉诺威市政府分别控股49.8%。德国展览公司既是展览中心的管理者，又是许多大型博览会的举办者和实施者。德国展览公司既是汉诺威展览中心的拥有者，又是CeBIT和汉诺威工业博览会等大型展览会的举办者。

　　二、与行业协会密切合作，培育展览品牌。德国行业协会在展览业中有着十分重要的地位，也对展览业的繁荣发展做出了重大贡献。特别是在办展时间和地点等方面，德国行业协会拥有相当大的发言权。没有行业协会的支持，展览公司无法深入了解行业动态及开展对参展商和专业观众的营销工作。因此，德国展览公司在制定办展方案和招展过程中均与相关的行业协会密切合作，打造行业博览会品牌。行业协会向展览公司提供业内的专业诀窍及其与国内外的联系渠道。另外，德国一些行业协会本身又是知名博览会的主办者。如位于法兰克福的德国通讯和娱乐电子工业协会（gfu）是每两年一届的柏林国际

参展商储物柜

会展现场

会展现场

电讯展的主办者，柏林展览公司只是该展的承办单位。法兰克福图书展由德国图书交易协会举办，该协会从法兰克福展览公司租赁展厅。德国制冷和空调技术协会每年轮流在纽伦堡和汉诺威举办国际制冷和空调技术展（IKK）。德国化工和生物技术协会（DECHEMA）每年轮流在法兰克福、北京、墨西哥城举办国际化工、环保和生物技术展（ACHEMA）。

三、举办国际会议，促进会展经济。博览会是行业经济发展的晴雨表。它不仅是促进对外贸易的有效渠道之一，更是企业展示形象、推出新产品和技术的重要场所。博览会期间云集了世界各地的业界精英和客商，是举办国际性会议的最佳时机。因此，承办国际会议已成为德国博览会的重要组成部分，博览会举办者往往在展会期间举办一些国际性的会议，结合展览会发布业界动态信息，使之与博览会相辅相成，从而达到既提升博览会的知名度，又促进会展经济发展的目的。

第二十回 德国会展业二

德国会展业不仅在经营理念引导了会展业潮流，在会展设施完善、服务强化及国际市场开拓方面都值得世界会展业学习。

一、提供一流的会展场地和设施。由于德国各级政府将展览业作为一项重要的产业给予高度重视，对展馆及其配套设施和交通建设均予以大力支持，德国绝大部分展览中心都拥有先进的设施，为举办高水准的专业博览会打下了良好的基础。

二、提供一流的配套服务。从展览设计、展台搭建与布置到信息资料、交通、运输、住宿和旅游等服务项目，德国展览会承办方提供的服务均非常到位，特别是在解决博览会期间的停车和交通拥堵问题及吸引企业和专业观众参展等方面的做法值得我国学习与借鉴。德国展览公司一般在城外的交通枢纽地带建几个大型停车场，展览公司提供车辆免费接送观众，从而避免大量车辆拥入市区；如展览中心位于城外，就在展馆旁边建大型停车场，展览公司还在机场、火车站或市中心设临时车站免费接送参观者；在许多展览城市，观众凭展览会门票可免费乘坐市内公交。为吸引企业和专业观众参展，德国展览会举办单位给参展企业邀请的客户给予门票优惠，参展企业可预先从展览公司订购门票后寄给客户。

三、积极拓展国外市场。与别国的展览公司相比，德国展览公司的最大优势在于具有很强的国际战略意识。这主要体现在以下两个方面：一是早在20世纪60年代，德国举办的博览会就向国外参展商开放，并想方设法吸引更多的外国参展商和观众，从而使德国举办的博览会的国际性日益提高，参展商不仅能结识新的客户，而且能遇到来

会展现场

自世界各地的老客户。二是德国展览公司能洞察国际展览市场的发展趋势，及时到国外投资办展。目前，以中国为核心的亚洲市场及中东欧国家正成为德国展览业新的业务和利润增长点。德国在国外举办的专业博览会已从1990年的20个增至2004年的164个，其中一半（84个）在亚洲地区。

德国展览公司开拓中国市场的战略有：(1)继续吸引中国企业赴德参展或独立办展；(2)投资中国展览企业，将其知名的博览会品牌移植到中国。德国的做法正为其他的欧洲国家及美国借鉴，英国、法国、美国等主要会展强国正全力渗透亚洲市场及中国市场。

会展现场

第二十一回 德国的启示

德国会展业的成功经验，不仅值得中国同行学习借鉴，更要注意其经营理念对中国展览业的启示。

一、政府应重视会展业的综合经济拉动效应。展览业具有较强的经济辐射效应，可带动交通、旅游、酒店、餐饮等服务行业的快速发展，是促进地区经济和对外贸易增长的有效手段。各地政府应提高对会展经济的认识，把发展会展经济作为推进我国经济国际化及城市化建设的重要工作来抓。

二、参照德国展博委员会（AUMA）的模式，成立有协调力和指导力的全国展览行业协会，制定我国展览业发展战略与规划，切实履行行业管理职责，协调全国各地展览计划的制定，尽可能地避免出现

汽车展示

会展广告

会展内容重复的现象。

三、重视发挥各行业协会的作用，打造展览品牌。行业协会在我国发展情况良莠不齐，一些行业协会比较强势，甚至代表政府行使一些政府管理职能；一些行业协会处于半死不活状态，对行业缺乏影响力。从德国的经验看，中国政府要与行业协会形成良性互动，政府主导的展览公司应该注重展览基础条件和服务的完善，而行业协会要成为行业展会的重要参与者。近期应从我国优势行业着手，展览公司应加强与行业协会合作，利用行业协会的资源和专业特长，精心培育行业展览品牌。

四、加强与外国展览公司合作，加快对展览人才的培养。当前国际展览市场呈现出采购商赴工厂所在国集中采购的发展趋势，德国展览公司最早洞察出这种趋势，因而加大在中国投资办展的力度，这为我国发展成为亚洲领先的展览市场提供了机遇。我国应抓住有利时机，加快对展览专业人才的培养，扩大对外合作，全面提高展览业的质量和水平。

五、慎重对待国内强势展览品牌的控制权。中国会展业经过多年的发展已经培育了一批优秀品牌展会，但在经营理念和服务意识、业务拓展方面仍与世界上强势会展企业有较大差距，加强与国外展览公司合作是一条快速见效的道路，但也要注意中国对国内会展业的市场份额控制力。展览业是服务业，根据世贸组织的规则难以限制准入的门槛，但对于一些重要行业会展必须拥有话语权。中国应扶持做大做强一批国内的会展企业，让这些企业具备国际会展市场的竞争力，避免中国会展市场成为国外强势会展公司的主导秀场。

第二十二回 新加坡会展

从国际会展经济情况看，欧美会展经济始终处于领先地位，亚洲会展经济的规模和水平应该说比拉美和非洲要强一些，尤其是会展经济的规模可以说仅次于欧美。日本是本地区唯一的经济发达国家，其会展业发展水平应领先其他的亚洲国家。在剩下的国家中，东亚的中国及香港地区、西亚的阿联酋和东南亚的新加坡，或凭借其广阔的市场和巨大经济发展潜力，或凭借其发达的基础设施、较高的服务业发展水平、较高的国际开放度以及较为有利的地理区位优势，分别成为该地区的展览大国。

新加坡的会展业应该说是后起之秀，新加坡的会展业起步于20世纪70年代中期，时间并不算早，但新加坡政府对会展业十分重视，新加坡会议展览署和新加坡贸易发展局专门负责对会展业进行推广。新加坡的会议展览署不是行政化管理部门，只是协调、配合会展公司开展业务，并且不会向会展公司收取任何费用，在新加坡举办会展也不需要任何审批手续。

新加坡本身具有发达的交通条件，现有60多条国际航线，可直飞世界150多个城市，入境手续十分方便（几乎15分钟就可办完入境手续并离开机场）、完备通讯等基础设施、较高的服务业水准、较高的国际开放度以及较高的英语普及率，新加坡的自由港优惠税收环境都为会展业提供了理想的环境。此外新加坡一直注重发展总部经济，造就了新加坡会展业的新星地位。新加坡在2000年被总部设在比利时的国际协会联合会评为世界五大会展城市，并连续17年成为亚洲首选展会举办地城市，每年举办的展览会和会议等大型活动达3200个，可见

品牌授权展

新加坡会展业的兴旺。

　　新加坡的主要会展场馆有三处，即新加坡博览中心、新达新加坡国际会展中心及莱佛士城会展中心。新加坡博览中心，展览面积60000平方米，顶棚很高，适合举办大型机械展及大型设备展；新达新加坡国际会展中心是现代园林风格建筑，更适合举办国际性会议，最大的会议厅可同时容纳12000人举行会议，会议设备、设施齐全；莱佛士城会展中心是较传统的会展中心，适合举办中小型会展活动。

　　新加坡会展经济尽管发展良好，但无论其会展场馆，还是会展资源、会展人才、会展受众都有一定瓶颈限制，中国大陆、中国香港、日本都是其强劲的竞争对手。从长远看，新加坡的会展业可能更适合专业性会展方向。

第二十三回

迪拜会展业

近年来，全世界没有哪一座城市能像迪拜一样引起如此巨大的关注。这非常令人震惊，毕竟无论从人口还是经济上看，迪拜酋长国都只是全世界最弱小的国家之一。那么，这样一个弹丸之地为什么能够吸引全世界的眼球呢？为什么众多的会展都选择在迪拜举办呢？以下几点可能是主要原因。

一、区位优势。波斯湾沿岸的迪拜酋长国恰好位于所谓阿拉伯建筑、文化和商业"复兴"的核心地区。在过去的几年里，迪拜酋长谢赫·穆罕默德·马克图姆一直在努力将迪拜建设成为一个全中东地区的商业、旅游和娱乐中心。在交通方面，在短短几小时的飞行时间里，就可辐射到周边地区的15亿人口。

二、旅游吸引力。不懈的努力使迪拜成为了全球发展最快的旅游胜地，一座座五星级酒店拔地而起，它的标志性建筑伯瓷酒店是全世界惟一的一座七星级大酒店。另外，"世界第一楼"——迪拜大楼拥有全球最大的购物中心。迪拜不仅是购物的胜地，也是居住的天堂。迪拜允许外国人在迪拜拥有房地产。各种庞大的娱乐观光项目接踵而至，阿联酋购物中心有着世界最大的室内滑雪中心，世界最大的人工岛——棕榈岛（The Palm）观光项目，迪拜政府又宣布将斥资540亿美元，在迪拜城边兴建一座名为"AlBawadi"的大型娱乐城。这都吸引了全世界的眼球。

三、建设世界性城市战略。迪拜正在向一个以服务为基础的现代化经济强国迅速发展。政府为来自世界各地的投资人提供优良的服务，而且由于免于纳税，企业无需隐瞒自己的实际利润。"迪拜是靠

传统与时尚

沙漠上的奇迹

展场外的童趣

外国人打造的城市！"迪拜的领导者很清楚要成为世界性的城市，迪拜需要吸收全世界最先进的思想、吸引全世界最好的专家，当然还有全世界的资金和建设者。为了能让外国人安心住下来，迪拜正把自己塑造成一个完全开放的都市，让阿拉伯传统和时尚生活融合共存。迪拜又是阿联酋甚至是中东治安最好的地方，文化背景差异也越来越淡化，将近150万的迪拜人口中，外国人占的比例超过80%。

四、用会展提升城市战略。迪拜旅游和商业推广部(DTCM)下属的迪拜会展局(DCB)日益加大其推广力度以吸引更多的专业及商贸访客，迪拜正迅速发展成为全球会展业的首选城市。迪拜政府在招商引资及会展服务上的政策同样极为宽松，迪拜会展业产值已高达20亿美元，迪拜的会展业实现了跳跃式发展。2007年以后，迪拜每年将举行超过100多个国际展览会。目前，迪拜最大的两家展览中心——迪拜世贸中心和迪拜机场展览中心每年举行的展会超过70多个，参展客商达1500万人。目前，已有很多国际知名的展览组织公司在迪拜设立了办事处，其中一些公司已经开始在迪拜组织越来越多的大型展览会。

第二十四回　法国会展业

　　法国是欧洲会展历史最久远的国家之一。现代展览业源于博览会，英国1851年伦敦博览会被世人确认为首届世界博览会，1855年法国在巴黎举办了第三届世界博览会，1928年35个国家的政府代表在法国巴黎缔约，对世界博览会的举办方法做出若干规定，由法国政府代表发起成立一个协调管理世界博览会的国际组织，并负责起草制订《国际展览公约》等，并成为国际展览局的首批成员国，可见法国对国际会展业有着很大的贡献。

　　如今，法国具有世界一流的展馆、完善的会展服务体系和国际交流传统，是全世界展览业最为发达的国度之一。法国拥有160万平方米的展馆，分布于80个城市。每年大约举办1400个展览会和100个博览会（指以社会公众为观众的多种行业参加的展览会）。其中全国性的国内展和国际展约为175个。会展业为展览公司、场馆公司和展览服务公司，也为展会所在城市引来大量的国内外参观者和参展商，并为当地的旅馆业、餐饮业、零售业、公共交通、出租汽车行业带来收益。在巴黎地区，展会带来的其他收入约为150亿法郎，也提供了3.65万个全年全员工作岗位。法国的主要展览公司共同组织了一个叫做法国国际专业展促进会的机构，专门从事促进国外专业人士来法国参观和交流的工作，在全球范围内推广法国专业展会。

　　法国会展业有许多值得借鉴的经验：(1)主办机构专业化。随着展会之间竞争的激烈化，越来越多的行业协会把自己的展览会转卖给了专业展览公司，或者和专业展览公司合资组织股份公司。(2)展览公司集团化。市场对展会的要求愈来愈高，小型展览公司往往力不从

巴黎

巴黎蓬皮杜文化中心

巴黎圣母院

罗浮宫外雕塑

心，被大型展览公司兼并收购，形成了展览公司集团化的趋势。目前
在法国展览市场上，主要的集团是爱博展览集团、博闻集团、巴黎展
览委员会、励展集团等。(3)展会规模大型化。现在众多的展览会已经
消失，所剩下的"强者"确立了自己的垄断地位。(4)展会进一步国
际化。随着贸易世界化和欧洲一体化的发展，法国的展会力求提高展
会的国际化水平，增加国外参展商和参观客户的比例，力争使展会成
为欧洲的龙头展，甚至全世界的龙头展。(5)展会向高质量、高水平
发展。为了保持自己在市场上的地位，展览公司在展会搭建、展会活
动、宣传报道等方面精益求精，把工作的重点放到参观观众的组织上
来。参展公司花了很多经费参加展会主要是为了拓展销路和市场。从
某种意义上讲，展会的成功与否，其主战场是有效观众的组织，而不
单纯是寻求参展商的数量。

法国戛纳是著名的国际庆典之城，电影艺术之都，也是著名的会展城市，每年有几十个国际展览在戛纳举办，包括电影、音乐、游艇等诸多品牌会展云集于此，给这座仅有7万人口的法国南部小城带来了近10亿欧元的财富。

我曾随中国音乐企业、音像企业参加了2007年在戛纳举办的国际音乐节，对这座小城有了直接感受，许多因素造就了戛纳成为会展明星之城。

一、优良的自然条件。戛纳位于法国南部地中海沿岸，气候适宜，阳光明媚，独特的地中海气候使得戛纳成为旅游度假最好的目的地。

二、便捷的交通条件。航空、铁路、公路、部分航运方便世界各地参展客人抵达，其对欧洲整体辐射距离都不远。

三、良好的会展中心设施。位于海岸的会展中心，尽管面积仅有几万平方米，但所具备的主要功能齐全。馆内的展陈基础条件十分方便，比如参展商要在展位上方加设灯光，几乎任何一个地方的天棚都有灯口，会展服务业也十分发达。

四、丰富的会展管理、会展服务经验。尽管我在多个国家参加过展览，但会展举办人提供的会展服务最完善的就是戛纳会展中心。在其地下一层的服务区里，你可以找到任何与会展相关的服务，有新闻中心、展商邮箱、展商仓库、洽谈室、休息室、互联网、官方网站查询、商务中心、法律咨询、运输、旅游、交通订票、快递、按摩等等。还有与展会主题相关的音乐试听设备服务等，会展中心或戛纳会展公司都有丰富的会展管理经验，无论是会展流程，还是会展分区管

会展旅游公寓

理、会展交通服务都十分完善。

　　五、会展接待能力从容。由于戛纳的国际会展此起彼伏，每月都有至少两个大型会展，所以，在几十年的会展经历中，对参展商和外地观众的接待能力趋于成熟，酒店、餐厅、咖啡厅数量很多，也有许多度假酒店、度假公寓参与展商接待，尽管每个展会都有间歇，但基本能够保持全年的客房入住率平稳。

　　六、会展惯性保证了城市会展综合收益。有人对戛纳电影节做过投入产出统计，近年来，戛纳政府每年对电影节的投入约为500万欧元，每届电影节带来的综合收益为1.2亿欧元。尽管戛纳城市居民有时也会抱怨会展举办时城市拥挤不堪，人满为患，但也不能不承认会展给这座城市带来了巨大的效益。

夏纳会展中心

夏纳风光

第二十六回 美国会展业

　　美国会展业相对欧洲而言，可以用后起之秀来形容。美国在独立战争结束后，贸易类展会几乎普及到所有的大中城市，各地方政府也很看重会展对地方经济的综合拉动作用，纷纷建设会展中心基础设施，形成了会展中心公有、行业协会协助、专业管理公司运营，立足美国国内市场的办展模式。据2000年统计，美国本年共举办13000个在会展中心举办的会展，会展直接收入120亿美元，间接拉动效益1250亿美元，可见美国会展业的发达。

　　美国也逐渐形成了拉斯维加斯、纽约、芝加哥、洛杉矶、旧金山等一批会展城市，其中，拉斯维加斯成为美国的会展之都。拉斯维加斯是建立在美国内华达州无尽沙漠中的内陆城市，有享誉全球的"赌城"称号和"世界会展之都"的美誉。拉斯维加斯迅速崛起的会展业与老牌的博彩业、旅游业并驾齐驱，成为该市的三大经济支柱之一。拉斯维加斯已成为世界最大的会展中心城市之一，每年举办2000多场专业性会展，其中全美最大的200个展会中的40个是在拉斯维加斯定期举办，约有500多万家厂商参展，聚集了全球主要的专业商家和客源。近年来，在美国其他城市举办了多年的会展也纷纷落户拉斯，使该市会展业的发展势头更为强劲，展览项目持续增长，展会数量明显上升。2006年拉斯参加会展人数达到630万人次，比2001年的450万人次增长了14%，会展及会展相关收入逾82亿美元，比2001年的60亿美元增长了13.7%。

　　最近几年，美国会展业人士认为：美国贸易类会展业的环境与以前相比，已经有了很大的不同，贸易类会展不再可能给参展商带来足

拉斯维加斯酒店展馆

酒店内展馆序厅

展馆外服务区

展场广告

够的参展市场回报。出现一些新的问题需要有所警觉和借鉴：(1)参展商与会展举办人的重新签约率下降。(2)展览会中的会议越来越少，会展时间也在缩短。(3)新的展览会增长势头减弱，新投资运营的展览会越来越少。而且新展会主要集中在一些合适的细分市场方面。(4)参展商签约付款拖后。这种情况造成了会展举办人资金的困难。(5)商业会展公司占据主导地位。(6)同类展会互相模仿导致竞争激烈。(7)消费类展会走势坚挺。消费类的展会消费不高，况且消费类展会对于娱乐的可选择性更让人们感兴趣。这种展览会在很多地方增长很快。

以上七个特点和趋势说明美国会展业正向整合深度市场发展，如不能有效整合，市场将会走向疲软。这种趋势也应得到中国会展业重视。

第二十七回

日本会展业

日本会展业总体说来比较发达，无论是展览的档次、水平以及展馆的设施和经营管理都非常好。日本会展业由政府、协会及会展业共同发展，日本政府部门对会展业的管理主要是通过贸易振兴会和观光振兴会发挥作用，日本贸易振兴会专门设立会展部促进日本会展业发展。在日本除了一些大型商业企业有能力独立举办一些商业会展活动外，日本发达、细分的行业协会是会展的主要发起人和举办人。

日本每年举行会展活动约有600次左右，参展企业近万家，会展观众约2000万人次，年综合产值约3000亿人民币。日本的会展活动主要分布在以东京为中心的关东区（约占35.4%），以名古屋、静冈为代表的中部地区（约占21.8%），以大阪、神户为中心的近畿地区（约占17%），这三个地区包揽了日本会展业产值的四分之三。

东京国际展览中心是日本规模最大、技术最先进的展览中心，由东京市政府修建，1996年4月建成。展览中心每年接待1000万左右贸易和公众展观众。展览中心面积24万3千平方米，建筑面积14万1千平

会展现场

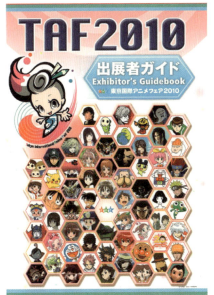
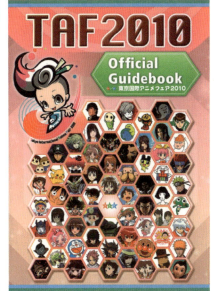

东京动漫展会刊

方米、展览面积8万平方米。由三部分组成：塔楼，高58米，共8层，一个地下停车场，西展厅2层，东展厅3层。主要展览厅位于西厅和东厅内。西厅有四个展览区，被设计为小型展览区。邻近的室外和屋顶展区也可根据需要用于展览。东厅有六个展览区，两边各三个由长廊相连，可变成一个大型展区。东京国际展览中心采用最新的视听和数据信息传送系统来连接展览厅和会议中心。日本每年举办的展会对中国企业有很强的吸引力，比较适合中国厂商参加的展览会有日本国际服装展览会(IFF)、日本东京汽车零部件展（ＩＡＡＥ）、国际照明综合展、国际食品饮料展（FOODEX JAPAN)、东京国际礼品展等，文化类的东京电玩展、国际动漫节、东京电影节等也对中国文化企业有一定影响。

由于日本国内市场一直非常发达，所以日本会展业长期以来只专注于国内市场，少量的展会面向欧美和亚太地区，对国际市场的开拓缺乏进取。绝大多数参展商和观众也都来自日本国内企业。自21世纪以来，日本政府和会展业更关注向中国发展市场，不仅通过努力吸引中国企业到日本参展，同时，中国会展业广阔的市场前景也吸引了日本会展业巨头纷纷前来投资。继日本会展业最大的集团公司康格株式会社日前在上海成立独资企业后，国际驰名的日本杰科姆会展服务公司，又在北京注册成立了该公司海外第一家代表处。这也反映了日本会展业瞄向海外市场，特别是中国市场的一种趋势。

第二十八回

香港会展业

　　香港会展业在世界范围享有盛誉，也成为香港主要经济结构组成部分。每年在香港举行的全球性顶尖活动，次数远胜其他亚洲区内的城市，其中超过40个的活动更是地区性及国际性的重要贸易展览。在香港举办的贸易展览，占有一半的出席人士皆来自海外，这都是因为香港是全球最自由的经济体系之一，加上低税率的税制，为主办机构、会展举办人、参展商及买家提供一个有高度效率的贸易环境。其中最主要的会展场馆为香港会议展览中心（简称香港会展中心；英语：Hong Kong Convention and Exhibition Centre，HKCEC）。

香港贸发局招商资料

　　位于香港湾仔的香港会议展览中心，是一座宏伟和具备多功能的场地，坐落于香港商厦林立、繁忙的商贸中心地带，其临海而建并可俯瞰维多利亚港。除了作大型会议及展览用途之外，这里还有两间五星级酒店、办公大楼和豪华公寓各一幢。而它的新翼则由填海扩建而成，内附大礼堂及大展厅数个，分布于三层建筑之中，是世界最大的展览馆之一。会展中心由香港贸易发展局拥有，并由其全资附属机构——香港会议展览中心（管理）有限公司管理运营。运营公司服务的宗旨是以顾客为先。致力令香港会议展览中心成为亚洲最佳展览及会议场地，并以提供卓越服务及举办环球盛事而驰名国际。会展中心采用先进及创新的操作技术，确保香港会议展览中心的顾客能时刻享受超值服务。

　　香港会议展览中心主要设施包括：5个展览厅，总面积46,000平方米；2个会议厅，总面积6100平方米，座位6100个；2个世界级会议厅前厅；2个演讲厅，面积800平方米座位1000个；52个会议室，面积

6900平方米；7家各式中西餐厅，座位1800个。香港会展中心是亚洲第二大的会议及展览场馆，规模仅次于日本。会展中心多次获展览主办机构及业界领导推选为"亚太区最佳会议展览中心"。

香港会议展览中心不单是会展举办人首选的展览场地，也是一个全球汇聚参展商和买家的理想地点。凭借享誉国际的基建设施与效率，香港亦是通往亚洲各国的理想门槛，每年吸引数以百万计来自世界各地的商务旅客访港。此外，香港同时是亚太区的主要采购中心，是国际企业买家经常踏足之地。全球展览领域中的珠宝、电子产品、手表及时钟、礼品、玩具家庭用品、灯饰、美酒、美容、皮革、时装、艺术品、品牌授权等展览，香港都极具竞争力。香港贸发局始终坚持为会展业提供全方位服务，其会展数据库的完善性也堪称亚洲首位。

香港会展活动

香港会展中心

第
二
十
九
回

广
州
交
易
会

中国进出口商品交易会又称"广交会"，创办于1957年春季，每年春秋两季在广州举办，迄今已有55年历史，是中国目前历史最长、层次最高、规模最大、商品种类最全、到会客商最多且国别地区分布最广、成交效果最好、信誉最佳的综合性国际贸易盛会。

2012年广交会出口展区由48个交易团组成，来自全国两万四千多家资信良好、实力雄厚的外贸公司、生产企业、科研院所、外商投资、独资企业、私营企业参展。广交会以进出口贸易为主，贸易方式灵活多样，除传统的看样成交外，还举办网上交易会，开展多种形式的经济技术合作与交流，以及商检、保险、运输、广告、咨询等业务活动。来自世界各地的客商云集广州，互通商情，增进友谊。

广交会自1957年春季创办以来，已经走过五十多个春秋，在中国经济贸易中占有重要的位置。广交会创办初期，与会采购商以香港、澳门及东南亚地区的采购商为主。首届广交会到会采购商1,223人，来自19个国家和地区。随着中国改革开放和国民经济的不断发展，广交会也不断发展，与会采购商不断增长，来源地不断扩大。近几年，每届均有来自210多个国家和地区的近20万名采购商到会采购。曾到广交会采购的国际大型连锁企业和采购集团共有1,000多家。世界零售业250强中，就有150多家经常派员到广交会采购，沃尔玛、家乐福、家得宝、麦德龙、德斯高、克罗格等世界知名的跨国零售企业已成为广交会的常客。

以2012年秋季广交会为例，可见广交会的盛况。展出周期是一年两届，2012年秋季展会为第112届广交会，分三期举办：第一期：

2012年10月15日至19日；第二期：2012年10月23日至27日；第三期：2012年10月31日至11月4日，会期是每期5天。展览地点是中国进出口商品交易会展馆（广州市海珠区阅江中路380号）；展览总面积116万平方米（2012年春交会）；总展位数量59,434个（2012年春交会）；到会境外采购商近21万人（2012年春交会）；出口成交360.3亿美元（2012年春交会）；参展商数量有24,644家境内外企业（2012年春交会）。广交会是典型的B2B展会，展会主要目的是促进国内外经济贸易。

广交会之所以能够越办越好，用参展商的评价说：广交会就好比"郑和舰队"，我们这些企业，尤其是中小企业，犹如跟随舰队的小船。在广交会上，资源、订单、客源一站式解决。这席话道出了一个有魅力的展会就是要给参展商和与会者解决实际问题。如果一个企业在展会上解决了全年订单，企业又有什么理由不参加这个展会呢！

展会氛围营造

文化类会展

東京动漫展

第三十回

在亚洲地区比较有影响的东京国际动漫展(Tokyo International Anime Fair，TAF)每年的3月份中下旬在东京国际会展中心举行。这是个以国际动画交流与进出口商业洽谈为目的的全球最大规模的动漫盛会之一，自2002年3月开始，截止今年，已成功举办了十一届。2011年展会因日本海啸引发福岛核电站事故停办一届。东京国际动漫展的举办日期一般4天。前两日为商务日，后两日为公众日。

东京国际动漫节(TAF)是东京市政府和相关动画企业及团体为了鼓励和发展动画产业而主办的国际性动漫展，目前已发展成为世界规模最大的动漫主题展会之一。这个展会有几点值得国内同行借鉴。

一、协会的作用是决定性的。日本动漫界共有三个主要协会，日本动画行业协会是东京动漫展的主要举办人。协会基本囊括了动画行业的主要企业，各个企业对协会的工作也比较支持，没有特殊情况，会员企业都会参加展会。

二、商务日（封闭性会展）与公众日（开放式会展）有机结合。尽管专业性会展与公众会展有矛盾之处，但东京动漫展兼顾了两者利益，比较好地把两者结合起来，面向商务关系人员开放，提供安定的洽谈环境。面向普通观众开放，除了展销会和企划展等常设展示以外，还有舞台推广会和动漫剧场、儿童天地等极其丰富的公众日特别活动，为来自世界各地的动漫爱好者提供零距离接触动漫文化的极好机会。

三、会展海外招商采用代理制。东京动漫展也如同日本其他行业展会一样近些年开始关注海外招商，委托加入协会的会员企业代理海外招商业务。这些代理商与协会配合密切，可以为海外参展企业提供细致的服务，有助于展会影响扩大和提升展会品质。代理商对协会的利益也很维护。

四、展会服务优秀。东京动漫展为展会的参展商提供了精细化服务，比如，展品提前运抵展场的保管、精确的搭建运输停车到位、搭建的现场巡视、嘉宾邀请的商务舱机票折扣、嘉宾的免费酒店房间提供等等，都体现出会展举办人的细心和周到。

中华人民共和国文化部为了进一步推动中国动画产业健康快速发展，展示中国动画产品精华和发展潜力，形成与世界动画的广泛交流与互动，加速推动中国动画产品走向国际市场，在2009年、2010年连续两年组织部分中国动漫企业参加了东京动漫展，集中展示和推介中国优秀动画作品，收到了较好的展示效果。

2010 东京动漫展开幕式

2010 东京动漫展照片　　　　　　　　中国动漫展台吸引众多境外企业洽谈

第三十一回 昂西动画节

　　位于法国巴黎东部的昂西（昂纳西）市，虽然只是一个小城市，却因为举办一年一届的国际动画节而闻名于世。法国昂西国际动画节始创于1960年，是顶级的国际动画评奖节，在动画工业中是个主要角色，很久以来就是动画节的先导者。昂西国际动画节在表现和提高动画艺术（以各种不同的艺术表现形式）方面的能力和水平，使它成为一个世界动画业界专业人士集会的中心场所，也是所有业内人士都不会忽视的一个重要节日。

　　在业内发展的四十年里，昂西国际动画节根据技术的多样化设置了四类评奖范畴：水彩作品、三维作品、剪纸作品、粘土作品。评奖种类有：动画短片；长篇故事片；商业片（包括电视动画片、电视广告片）；学生毕业作品；网络短片；网络系列片等。

　　昂西国际动画节在1985年建立起第一届国际动画电影交易市场(MIFA)，这是一个以文化内容为基础的贸易市场，也是昂西活动中唯一的集各个与动画相关领域的产业在一起的商业活动，如：电视业、电影业、有线领域和卫星领域等，同时，也是一个动画制作工具生产商、交互式视听器材和多媒体专业市场。参加国际动画电影交易市场的成员有：电视、电影、网络制片人，动画片发行商，动画片购买方，电视台，服务公司，动画制作工具生产商，动画培训学院等。

　　动画节还建立了国际动画电影中心（CICA），以便专注于保存、培训和发行活动。国际动画电影中心的主旨之一是建立一个交互式数据库，以提供国际动画电影和公司的信息。自昂西动画节暨国际动画交易市场举办以来，很多年当中建立了设备完善、内容丰富的动

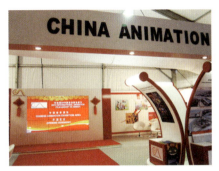

2010 年法国安纳西动画节

签约仪式

政府对企业支持

画电影中心资料库，包括书籍、杂志、照片；10000部音像制品集锦；收集了超过18000部动画片；拥有15000家动画公司和27000名动画专业人士的资料。昂西动画节一般在每年的6月第二周举办，近些年，会展举办人也采取了每年的主宾国策划举措。如2008年度第32届昂西国际动画节特邀嘉宾国是印度，组委会选择它的原因是鉴于近年来印度3D动画长期健康的发展和它未来的巨大潜力。

昂西国际动画节跟其他电影节一样，参赛作品分成竞赛和非竞赛两个大类。竞赛类再细分成四个单元，分别是：动画电影长篇单元，动画短篇单元，学生毕业作品单元，商业作品和电视作品单元。非竞赛类也分成长篇和短篇单元。除此之外，动画节还组织电影首映，经典回放，作品展览等相关活动。昂西动画节在参赛作品登记时间上的限制通常被规定到每年的2月份。昂西国际动画节的特点是比较关注动画行业的发展趋势并有一定的趋势引领作用，这也是专业品牌类应具备的核心价值。

爱丁堡，英国北部城市，苏格兰首府，经济和文化中心。在苏格兰中部低地、福斯湾的南岸。面积260平方公里。爱丁堡不是一个大城市，平时人口不过45万，每年8月，爱丁堡就成为举世瞩目的焦点，一年一度的爱丁堡国际艺术节在这里举办。一下子会涌入大批的游客、观众、演员和媒体人士，人口这时可以翻一倍。根据2011年出版的一份研究报告，艺术节在2010年为爱丁堡带来了2.45亿英镑的额外旅游收入。

爱丁堡艺术节是一个比较含糊的叫法，其实是多个同时进行的艺术节的总称。这些艺术节都是独立预算管理，在宗旨和经营上都很不相同，然而却又相互补充相互支持，形成良性互动。

二次大战期间，欧陆艺术家面临空前浩劫。英国格莱德堡歌剧院经理与许多当时英国艺术界知名人士群聚伦敦，谈到艺术家在战争期间所面临的困境，产生了在英国本土找一个未受战争破坏的地方办艺术节的念头，期望重新为欧洲艺术家找到一个可以互相交流的舞台，甚至创造一个可与奥地利萨尔斯堡与德国白莱特音乐季相媲美的节庆。经3年筹划，终于在1947年举办了第一届爱丁堡国际艺术节并获得成功。可当时其他小型表演团体，却在来到这城市之后被拒于表演大堂之外，于是有8家剧团愤而另组一个艺术节，即边缘艺术节，50年来，该组织运营下的边缘艺术节，跃身为爱丁堡节庆主要项目之一。两大节庆之外，1950年起，军乐游行加入，往后，又有国际电影节、爵士与蓝调音乐节、书展等，而国际艺术节也由原来强调主题音乐性，走向融合戏剧、舞蹈与平面艺术的多元综合艺术节。

会展现场

会展现场

　　无论是国际艺术节（Edinburgh International Festival）、国际艺穗节（Edinburgh International Fringe Festival）、军乐队分列式（Military Tattoo）、爵士艺术节（International Jazz Festival），还是国际电影节（Film International Festival）、书展（Book Festival）等会展节庆奠定了爱丁堡节庆城市的独特地位，同时，风景秀丽的地理优势，名人辈出的历史人文资源以及市场化、开放性独立运营的会展机制都为爱丁堡带来持久的活力和魅力。许多人认为：实际上欧洲最美的城市就是爱丁堡。

　　爱丁堡艺术节汇集来自世界各地的艺术家和观众，对爱丁堡和整个苏格兰的文化、社会和经济发展起到了促进作用。爱丁堡艺术节已经被连续评为世界上最重要的文化庆祝活动之一，不仅提升了爱丁堡和苏格兰的世界形象，还对英国的创意产业带来正面影响。可以说，它对推动全球剧场艺术蓬勃发展功不可没。

第三十三回 巴塞尔会展

每年6月，巴塞尔艺术博览会在瑞士第三大城市巴塞尔开幕。被《纽约时报》誉为"艺术奥林匹克"，德国《每日镜报》冠以"艺术暖巢"的巴塞尔，面积只有区区37平方公里，但却对世界上顶级的艺术品和艺术家具有最强的号召力。每年6月，这一位于德、法、瑞边境的小城都会成为艺术家、收藏家、艺术爱好者们朝圣的宝地。

在2012年第43届巴塞尔艺术博览会上，主办方选取来自北美、拉美、欧洲、亚洲和非洲35个国家近300家画廊2500多位现当代艺术家的作品，囊括了绘画、雕塑、装置、摄影、表演和视频作品等多种艺术门类。作为博览会的重点组成部分，"艺术声明"这一主单元汇聚了27名国际新晋艺术家，为观众带来精彩的个展；为鼓励无法进入主单元的艺术家开设的"艺术无限"单元展示了50余件震撼作品；"艺术游行"单元带领观众走出展会场地、走进巴塞尔小城，在艺术氛围浓厚的市区沿着莱茵河岸欣赏艺术品；此外，"城市博物馆""艺术机构"和"艺术巴塞尔谈话和艺术沙龙"等环节也从不同角度使博览会更加立体和深入。

以"艺术卖场"而著称的巴塞尔艺术博览会在艺术交易之外做出的多方位尝试和创新，也是其得以越办越好、越办越大的重要原因。巴塞尔艺术博览会虽拥有很长历史，但一直以来却被定位为艺术品交易市场，而不是拥有专业水准的博览会。很多媒体对它进行报道时，也多是注重其所反映出的艺术交易市场趋势和对艺术品市场所带来的影响。近几年来，主办方意识到在艺术理论和学术方面的不足，及时进行了调整与创新：2000年开始设立的"艺术无限"单元使得因某

艺术品展会

艺术杂志展位　　　　　　　艺术品展览

些因素无缘巴塞尔的艺术家，通过与画廊互助的形式，租用非限制性空间，得以实现自己在巴塞尔的展出梦想，这一尝试延伸了原本以交易为重点的巴塞尔艺术博览会，为大型雕塑、壁画、视频、装置等受限的艺术品创作者提供了一个难得的平台，推动巴塞尔从商业走向专业。此外，"艺术宣言""艺术巴塞尔谈话和艺术沙龙""艺术游行"等环节从专业、学术和参与度等不同方位提升了巴塞尔艺术博览会的高度，使得这一博览会更加饱满和权威。

　　成功举办了43届的巴塞尔艺术博览会在世界艺术界的影响力不断扩大，颇有超越威尼斯双年展的态势。能够将艺术交易资金和顶级艺术品、艺术家、收藏家集结一地，巴塞尔小城的艺术魅力因为博览会而大放异彩。

第三十四回

解读巴塞尔

　　巴塞尔是瑞士第三大城市，位于德、法、意三国交界，是连接法、德的重要交通枢纽。1460年这里建立了瑞士第一所大学，很快成为欧洲人文主义及造纸、印刷业的中心。优秀的人文主义环境也孕育了本地的艺术氛围，这座不到30平方公里的小城就拥有30家私人和公交博物馆，当地居民都有收藏艺术作品的习惯，甚至街头雕塑都不乏大师的作品。正是这种将艺术渗透到每个角落的城市，才会孕育出巴塞尔艺术博览会这样的盛会。

　　其次，除了自身优越的地理位置和艺术氛围，作为世界顶级的艺术博览会对参展艺术品品质始终如一的高标准、严要求是博览会长盛不衰的原因之一。据介绍，每年都会有上千家艺术机构、画廊申请参加博览会，但主办方却始终坚持从中挑选300家左右参展，这从一定程度上保证了博览会的高水准。每年的参展机构中就包括了众多世界一流的画廊。

　　再次，博览会严格的标准把握，抓住了买主和藏家。与一般的艺术博览会侧重于取悦参展商的做法迥异，始终以有效整合收藏家资源而形成特色。近年来该艺术博览会致力于服务理念的更新换代，通过VIP区的综合服务能力打造展会的国际信誉，凸显出一流的品质与水准，展出的艺术品质量高，形式多样，包括绘画、雕塑、装置、摄影、表演、影像艺术。既有新锐艺术家的作品也有博物馆级别的大师作品。吸引了超过60000位来自世界各地的艺术家、收藏家、画廊商、博物馆馆长、策展人和艺术爱好者。近年来，中国艺术家及艺术品经营者也越来越多地现身巴塞尔展会。

艺术品展位   赞助商的活动

　　此外，作为艺术品交易的盛会，巴塞尔艺术博览会在组织和策划方面也具有诸多优秀元素。在展览硬件的完善方面，巴塞尔艺术博览会坚持尽善尽美，同时也不断在展览展示诸方面推陈出新，从而使展示空间更加科学化，紧密了艺术与建筑间的相互关系。组委会每年都会对展场进行重新设计，科学而有意味地使每个参观者产生一种与往年全然不同的新鲜感。商业化与艺术学术权威的相辅相成促进作用也得以成功体现，诸多赞助商持续支持博览会各项活动，赞助商UBS公司是博览会自1994年开始的主要赞助者，在联合赞助的基础上，NetJets和Axa继续它们与艺术巴塞尔的合作。博览会上VIP用车服务由宝马公司提供。其他战略合作伙伴也日趋踊跃。

现场讲座场地

第三十五回 深圳文博会

如果说广交会是经济贸易的最大盛会，那么深圳文博会则是文化产品及服务的最大会展。中国（深圳）国际文化产业博览交易会（以下简称"文博会"）由中华人民共和国文化部、中华人民共和国商务部、国家广播电影电视总局、中华人民共和国新闻出版总署、中国国际贸易促进委员会、广东省人民政府和深圳市人民政府联合主办。是中国首办的国家级、国际化、综合性文化产业博览交易会，以博览和交易为核心，全力打造中国文化产品与项目交易平台，促进和拉动中国文化产业发展，积极推动中国文化产品走向世界为展会宗旨。

按照《中国（深圳）国际文化产业博览交易会发展规划（2010～2020）》的要求，文博会将继续坚持"专业化、国际化、市场化、精品化、规范化"的办展方针，以"博览与交易"为主题，突出展示创意设计、新闻出版、影视动漫、非物质文化遗产、书画艺术、文化旅游、工艺美术等重点文化产业领域和代表行业水平的文化企业、产品和项目，以及文化出口品牌企业、产品和项目，进一步突出"文化＋

户外开幕式场景

中国国际动漫节邀请函

创意、文化+科技、文化+旅游、文化+金融、文化+贸易"的展会特色，将更多专业领域的优质会展资源注入文博会，打造"我国文化产业走上世界的国际知名品牌"。

在文博会开创前期，深圳市文化局经文化部产业司介绍，曾找过我讨论首届文博会方案，并邀请文化部文化市场发展中心参与承办。我认为文博会的方向过于分散，不符合现代展会发展趋势，委婉谢绝了来访同志。如今，深圳文博会、北京文博会、西部文博会、中部文博会、东北文博会愈演愈烈，加上各地方的文博会此起彼伏，让人目不暇接。实际上这都存有不小的隐患。隐患主要来自两个方面：(1)政府财政的强力支持，支撑展会维持表面的繁荣，一旦离开财政支持，展会市场化运营模式不清晰，就可能办不下去；(2)文博会主题不好提炼，牵扯的领域宽泛，面面俱到，也做不到深入和专业，这样的展会缺少自身价值。

我与各地文博会的会展公司负责人比较熟悉，经常交流对文博会的运营看法。总体认为：政府支持文化会展业发展的态度是正确的，对于会展给予适当的财政支持也是必要的，但是必须处理好输血与造血的关系，把展会的市场化运营放在首位。如果依靠政府文件招商，依赖财政拨款运营，这样的展会如同在沙滩上建楼，基础不牢。一旦离开政府支持，展会就可能陷入困境。

深圳文化产业博览会

深圳文博会招商文件

第三十六回　中国网博会

2003年10月，文化部、广电总局及北京市人民政府共同主办了首届中国国际网络文化博览会，简称"网博会"。首届网博会由北京歌华文化集团承办，举办地点是北京中华世纪坛。此后，第二届网博会由文化部文化市场发展中心主承办，目前网博会已经举办十届，运营单位是北京中文发国际文化交流有限公司。网博会已经成为国内文化会展品牌展会。

目前，中国国际网络文化博览会的主办单位是文化部联合科技部、工信部、广电总局、新闻出版总署、国务院新闻办公室、共青团中央和北京市人民政府共同举办，旨在推动数字内容产业及周边产业发展并促进国际交流，以"引导网络文化产业发展方向，展示数字内容产业创新趋势"为宗旨，定位于"发展事业、引导产业、规范行业、服务企业"，是政府为推动中国网络文化产业的发展、促进国际间的广泛交流与合作而举办的最高规格、最大规模、最具影响力的国际数字内容方面的网络文化产业盛会。

网博会自2003年首次举办以来，至今已连续举办十届，一直受到党和国家领导人及主办单位的高度重视。党和国家领导曾多次光临展会现场参观指导工作，各界领导对于网博会的大力支持，为网博会带来了深远的影响，并先后被列入国家"十一五"文化发展纲要中的国家重点扶持项目，以及文化部"十二五"时期文化产业倍增计划中重点发展的文化产业展会。

网博会根据我国网络文化的特点和优势，大力引导中国数字内容产业及周边产业向积极、健康的方向发展，对推动网络文化产业的发

会展外景

展具有重要意义，在国内外产生了重要影响。在取得良好社会效益并带动整体行业显著发展的同时，在拉动行业经济发展方面也同样取得了骄人的成绩。从2003年至2012年的10年间，每届网博会的各类参与厂商达数百家之多，累计实现的产业成交交易额近35亿元人民币。

经过几年的积累，网博会在鼓励民族原创、健康向上的网络文化产品和研发、促进网络文化产业持续、快速、协调、健康发展的同时，也为国内各企业与国际间的交流、交易创造了一个良好的空间，为民族优秀的网络文化产品走向世界、世界优秀网络文化产品进入中国搭建了一个广阔的平台。

作者与会展同事

会展资料

第三十七回 酒店艺博会

2007年11月，我们在北京威斯汀酒店举办了首届酒店艺术品博览会。这个展览规模不大，但效果很好，比起我们以前举办的各种艺术品博览会有很大突破。尽管这个展会仅仅举办了一次，但我认为非常值得艺术品类展会借鉴。

酒店艺术品博览会举办的形式并不复杂，具体的做法是：利用酒店现有的客房及空间，展示销售艺术品，并在酒店内举办交流酒会。其好处是：(1)节省租金。通过与酒店洽商，酒店会提供相对优惠的租金，甚至免除租金，这比租用会展场馆的费用要节省许多；(2)每间客房提供给一个画廊或艺术机构（当然也可以根据参展商的需要多提供客房），由于房间是相对封闭的，有家庭房间的感觉，既形象地模拟出家庭墙面布置艺术品的感觉，又有利于参展商与观众进行融洽的空间氛围营造；(3)便于展览现场艺术品的安全管理；(4)方便参展商。房间可以用于晚间休息，免去参展商交通之劳顿；(5)观众可以立体感受艺术品的陈设效果，可以在客房里与参展商讨论艺术家和作品，一改以往艺术品展会的行色匆匆做法，能够细心体会艺术品的品质。

此后，我把这种方式引入演出交易会，也收到很好的效果。选取的酒店客房都有DVD播放机，演出商可以在房间给感兴趣的客户播放样片，在酒店的会议室举办小型的发布会，这种做法不是独创，但却是促进交易交流的好方式。艺术品收藏展、连环画收藏展都早已采用这种方式，效果和效率都很明显。许多参展商和客户几乎没有时间限制，会谈可以持续到半夜。酒店里进行的会展在拉斯维加斯非常普遍，与上述方式所不同的是拉斯维加斯及澳门的大型酒店几乎都建设有很大的会展中心，这种做法就是提供会展方便，让客户及参展商足不出户就能完成会展业务。

酒店式会展是小型会展的良好方式，需要注意的是酒店的选择很重要。会展举办人必须提前一年或半年考察和洽商酒店。专业性会展适合在旅游淡季举办，几乎都可以享受酒店提供的优惠价格。此外，就是把房间预留得相对整齐，便于区域封闭管理。现在，城市郊区有了更多的适合会展举办的酒店，附属会展中心也有一定规模，虽然交通相对远一些，但适合专业性会展举办。

休息区

会展的策划

会展的策划关系到会展的方向及业务的成败，对于一些公关公司所承担的一些短期项目可能做简单的策划就可以了，但对于会展公司，策划大型会展则是战略性规划，不可等闲视之，需要集合公司所有的力量来调研市场并做出会展策划。

会展策划的核心问题不多，主要是会展宗旨（目标）、会展模式、会展举办地、会展档期四个问题。其中最关键的问题就是会展宗旨问题。

会展是一种平台服务，会展公司提供的是经纪属性服务，这种会展经纪平台，就是会展公司通过撮合服务，把供需双方整合到会展平台上来，而且这个平台能够最大限度集聚供需双方的企业或人群，让供需双方各遂心愿。在理论上，几乎所有的行业都可以组织相应的会展，无论是物质产业还是内容产业都有供给和需求，那么就存在集中交易、交流的可能。但会展策划有一些条件限制，主要限制就是供需双方都需要有足够的市场能量，即集中参展商数量足够且有通过会展平台达到优化交易、交流的需求。过于小众化、偏僻化、特殊化、尖端化、边缘化的供需关系，就不适合举办会展平台促进交易交流。

会展的宗旨就是确定新的会展到底做一个什么领域、什么范围、什么环节、什么层次的交流交易平台。例如，汽车博览会，是包括全部类别的汽车，还是仅局限小轿车；是囊括全球的汽车制造商，还是仅局限国内汽车制造商；是包括所有档次的轿车，还是仅局限于高档轿车；是包括零件供应商，还是仅局限成品汽车等等，这是会展宗旨必须清晰回答的问题。再如婴童用品博览会，是明确限定食品、玩

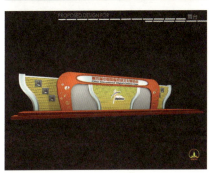

搭建设计

具、服装，还是无所不包，宗旨明确的会展，最好给出清晰的信息，如：婴童服装展，婴童学前教育展，婴童文化用品展，婴童食品展，婴童玩具展。清晰的会展宗旨，不仅是会展优秀策划案的需要，也决定了参展商与观众能否准确判断会展是否与自己相关，从而决策是否参展。

对于会展宗旨的限定条件，最关键的是现实市场容量和能量。比如自21世纪初期，北京出现了国际画廊展，其缘由是国内已经有了两千家画廊，群众也开始出现购买艺术品明显需求，这时，举办画廊展才有市场的可能；汽车展现在更是如火如荼，房展也此起彼伏，但如果前推30年，这样的展览就没有可能。

会展宗旨就是在有市场空间的领域选择明确的方向，而且宗旨所指向的平台必须给会展公司留有作为的余地。

第三十九回 | 策划的要素

会展策划要素主要包括：

一、会展主题与会展名称策划。另文介绍了会展主题策划的问题，主要是解决会展宗旨和会展所指向的市场领域，然后确定会展名称。

二、会展举办方策划。一些会展可能需要政府支持，一些会展可能需要行业协会支持，还有一些会展可能需要与其他组织联合举办，在策划中就要明确举办方的职责和作用。

三、会展档期与会展地点策划。选择合适的时间及会展展期长度，选择会展城市及合适的会展中心。会展档期需要考虑诸多因素，最重要的是避让有竞争力的同类会展时间。

四、会展内容策划。一般的会展要考虑现场展示、活动或仪式及会议三方面内容，注意选择的会展方向适合哪种方式，可以是单纯的展览，也可以是单纯的会议，既可以以会带展，也可以以展带会，考虑好主次关系，避免主题不突出或喧宾夺主。要对现场展示面积、会议室、活动场地的物理条件提出比较准确的要求。

五、招商招展策划。主要明确招商招展领域或目标参展商类别，以及招商招展政策。明确招商招展政策目的是辅助会展销售和避免出现执行过程中出现口径不一的混乱。

六、会展服务的策划。主要指会展能够提供给参与人的相关服务承诺。

七、会展预算的策划。要求在策划中相对准确的预计会展收入和会展支出明细，根据策划提前原则，提出会展的经营指标。

八、会展时间进程策划。根据会展档期，提出明确的策划案执行时间表及阶段性任务分解，便于会展执行人理解策划和及时推进策划。

九、会展风险提示。列示会展可能出现的风险或问题，提出相应的解决途径或措施。

十、会展综合评估及会展战略预期。完整的会展策划案应该对会展策划执行结果进行比较全面的评估，同时对会展是否能够长期举办及长期举办的战略目标有比较清晰的描述。

会展策划案一定要提前至少一年完成。策划之前要做必要的市场调研，对于会展举办方的策划要在形成方案前与意向目标进行沟通。对于完整的会展策划书还要求对相关要素进行诠释和说明，对会展所依赖的资源有清晰的描述。此外，对会展标识、LOGO等整体形象及早提出设计方案。

中国国际艺术品投资与收藏博览会

会展助兴演出

作者介绍会展采访

投资与收藏博览会

第四十回 参展商期望

市场化会展策划的主要依据就是参展商期望的满足。一个有价值的会展策划，就是重视参展商期望，对参展商有强烈吸引力的策划。参展商的期望是多方面的，一个会展难以满足所有的期望，但抓住主要的需求，就会调动参展商的参展积极性。

参展商有哪些期望呢？大体可以归纳为以下几点：

一、产品或服务的营销推广需求。无论什么样的企业或组织，都存在自己的价值主张，即能够为社会提供什么样的产品或服务，但价值主张必须能够实现，而这种价值主张实现的过程就是销售和推广，企业或组织对新的产品或服务的推出十分重视，但囿于企业自身的能力无法做到极致的市场推广，企业希望借助会展平台策划新产品或服务的首发工作，会展平台不仅集聚了行业内的相关人士和企业、观众，也集聚了媒体资源，能够使企业新产品或服务推广效果最大化。

二、学习和交流的需求。人类社会已经走过简单的产品生产阶

2010年东京动漫展中国馆开幕式

会展的签约仪式

文化部刘玉珠司长接受境外媒体专访

段，工业技术、科学发明、应用创新的发展速度日新月异，企业或组织很难依靠闭门研发来维持行业地位，需要行业间及跨领域的学习和交流，专业会展能够展示行业发展的趋势和尖端成果，满足企业的学习交流需求。

三、获得行业荣誉、知名度的需求。企业需要树立行业地位及社会形象，希望获得企业荣誉。权威的会展平台集中了同行业主要企业，如果能够获得荣誉，会在行业中奠定较高地位。同时，企业在公众会展中可以近距离地沟通用户，传递企业信息及企业理念，有利于树立负责任的企业形象。

四、收集反馈信息的需求。企业都有了解产品或服务在消费者心目中的反映、评价的需求，有市场调研、市场测试的需求。会展平台是消费者、用户集中的场合，企业不仅可以通过对同类参展企业比较的方式评估本企业状况，也可以直接面向观众开展调研，收集相关的反馈信息。

五、参展商代表的体验期待。会展举办地的旅游资源、风土人情及文化背景、购物环境、美食餐饮等都可能对参展商代表具有显著的个人体验期待。

此外，在会展策划中，还要考虑受众，特别是专业观众的需求，结合参展商及受众的需求，才让会展策划有了价值内核。

第四十一回

知行要合一

　　会展策划也好，会展创意也好，都充满了挑战和创新。只要不满足现状，不断探索，就会发现会展是件有魅力的事情，总能给有心人新的惊喜和回报。但是创意和创新是有限度的，这种限度就是现实的操作性，否则，再好的策划或创意都是不可实现的梦想。

　　一位佛学大师说过：智慧就是由表及里，由点及面的悟性。我又给补充一点，就是由知及行的理智。对于一个人而言，智慧的思想不仅要致远，更要落实为现实。展会的策划及创意，不仅要高屋建瓴，还要通过努力能够变为现实。优秀的策划，应该是现实地实现未来的愿景。策划应该依据现实条件展开，而这些现实条件主要考虑以下几点：

　　一、会展主题或宗旨面临的市场环境。市场环境是指策划的行业或展览主题范围的综合市场潜力及竞争环境。没有足够的市场潜力，不足以支撑会展平台，过于超前的策划可能导致会展夭折。有足够的市场潜力，但供需双方的交易交流不一定适合会展方式进行，这些都是会展策划可行性分析必须关注的问题。同时，要考察同类会展的情况，如果同类展会竞争对手过于强大也不宜强行介入。

　　二、会展策划面临的社会环境。会展属于公开举办的群体集聚活动，会展策划要对拟进入的领域做政策、法律、许可、社会意志的全面评估。不能冒不可抗力的风险做无谓的投入。

　　三、会展举办人可依赖的优势资源。世界上品牌会展很多，如果仔细分析这些会展成功的原因，都可以看到天时、地利、人和的各色资源对展会的支撑作用，或是协会力量、或是政府支持、或是区域传统优势、或是历史文化传统、或是行业领先地位、或是文化背景独

展区活动

特、或是城市优势明显，如果这些条件都不具备，会展就举步维艰。

四、会展举办人的运营能力。会展业的垄断趋势明显，说明行业中强势企业集聚了强大的运营力量，会展策划要量力而行，不能指望出现奇迹。会展企业运营能力是一个循序渐进的过程，经验和数据库资源的积累尤为重要。

五、会展投入产出能力。新策划的会展，都有三年左右的培育期，策划案要考虑会展企业的投入能力以及尽量科学的回报预期，超过投入能力的冒进做法，可能会拖垮企业。

六、会展对风险的规避能力。任何会展都存在风险，有经营风险，也有不可抗力风险，会展策划要对风险考虑全面，并有能力最大限度规避风险。

有战略思想，又可现实操作的会展策划才是有价值的策划。

第四十二回 资源的借势

在会展策划中，对展会的主题方向选择应该奉行借势而为的原则。就是会展公司应该在会展举办区域的优势资源基础上策划展会方向。其原理就是寻求最大的现实客户支持。

中国有句俗话：一方水土养一方人。说的道理就是地域背景对地方人群的深刻影响。如果我们盘点一下世界各地的会展经济，就会发现几乎所有的品牌展会都与会展举办地的区域环境有着千丝万缕的依存关系。美国是会展经济比较发达的国家，如果细分一下美国有影响的展会，就会发现展会的分布与地域综合环境有密切关系。即使拉斯维加斯这样的会展城市，会展也是根据城市发展的阶段才逐步繁荣起来的，这就说明会展经济不是凭空出现的，是与区域综合环境密切相关的。

哪些区域资源是会展策划最应该关注的优势资源呢？大致有如下几个因素值得重视：

一、人口密度因素。另文介绍过会展发展的沿革，会展是集市贸易逐步衍生而来，是B2C公众展会逐步衍生为B2C公众展会与B2B专业展会并存的过程。而展会最初的目的就是吸引最大参观者群体参与，所以，会展举办地的人口密度是最初会展策划考虑的关键因素。即使在今天，多数会展主要选取大中城市举办也是考虑会展与城市人口的依存关系。这种依存关系包括会展综合服务的便捷和会展接待能力的成熟度。

二、区位优势因素。区位优势是指会展举办地的交通、旅游、自然气候、地区经济发达程度、社会治安环境、政府支持态度、历史文

展位搭建

化沿革、消费习惯及能力、物流集散地优势、区域辐射影响等与区域相关的优势资源。

三、特色产业资源因素。特色产业资源是指会展预想举办地具备的独特产业优势，是指行业优势、同类企业聚集、产业在一定范围的领先优势及领导地位、科学技术的前导优势、经济中心、政治中心、文化中心、行业协会等特色资源。

四、产业发展趋势因素。新的会展策划，既要考虑传统产业的成熟，也要考虑新的产业发展趋势。一些地区具备或孕育了一些新兴产业的趋势，对于新的会展品牌培育有捷足先登优势，如果新的产业趋势具备广阔前景，就有可能培育出新的会展品牌。

举办成熟的会展，有些可以采用巡展方式，每年选取不同的城市举办会展，但这种情况适合会议或封闭式专业展会，多数会展还是适用固定举办地的做法，这不仅是便于会展公司可以熟练操作，也是品牌会展与区域结合的依存关系使然。无论哪个国家、哪个城市都不喜欢流动式的会展公司，固定的区域会展才是区域政府不遗余力支持的选择。

第四十三回　会展与旅游

　　会展与旅游有密不可分的关系，以至于在国外的会展理论研究中，把奖励旅游当作会展的主要构成部分，可见旅游与会展的伴生关系。但也要同时看到，在会展中讨论旅游，与纯粹的旅游观光还是有所区别的，这种区别不是旅游目的地不同，而是组织方式及侧重点不同，会展为主，旅游为辅，旅游资源当作会展策划优势元素来考虑。

　　商务会展策划把人文地理、旅游资源考虑为会展的吸引因素，是基于人们的体验期待心理。无论是公司或组织的管理者，还是一般的工作人员，都有见识异地风土人情、人文地理的愿望，有吸引力的会展举办地的旅游资源无疑是会展招商招展的助力。

　　对于普通性商务会展，无需花费很多心思考虑具体的旅游方案，因为无论是什么体制下的企业或组织都不会提倡员工在工作时间去游山玩水。借会展之便旅游是私人问题，不宜在会展方案中明确列示旅游事项。一般的做法是会展举办人邀请有信誉的旅行社在会展上提供旅游咨询服务就可以了，避免影响会展信誉或额外承担旅游组织者的风险。

　　有一些带有考察性的会议，其会议组织与旅游密不可分，近似于奖励旅游的做法，需要精心安排行程路线，形成主题考察旅游团。主题旅游考察团区别于一般旅游之处在于主题明确，考察深度要够，保证考察团人员能够获得超过一般旅游者的独特体验。例如：赴美国文化产业考察团，到纽约要请专人讲解林肯艺术中心、大都会博物馆、音乐剧及托尼奖的运营机制；到洛杉矶要请专人讲美国好莱坞电影业的运营机制、文化主题公园的运营理念和经验；到拉斯维加斯请专人

作者在罗浮宫

讲解会展业运营方式、演艺秀场的运营方式等等，这种深度主题考察比旅游者走马观花有意义。虽然旅游项目没变，但组织方式不同，随团人员获得的知识和感悟不同。普通旅游者是"知其然"，深度考察旅游者不只是"知其然"，并要最大限度"知其所以然"。

奖励旅游是西方国家体制下，企业为激励做出卓越贡献的员工或团队而衍生出的一种旅游形式。有的操作比较简单，委托旅行社单独或合伙组团旅游度假，企业承担约定的旅游费用；有的操作比较复杂，企业会独立组织奖励旅游团，近似主题旅游方式，会融入企业文化因素，贯穿在旅游活动中，当然，后者企业可能要承担更多的费用。

会展观光

　　尽管在理论上会展地点的选择是自由的，但在实际运营上人们还是要选择城市；尽管理论上任何城市都可以举办会展，但在实际运营上还是要选择具备区位优势的城市。对于会展而言，哪些条件属于会展的区位优势呢？梳理一下世界会展城市的情况，基本可以总结为以下几个方面：

　　一、交通运输优势。是指会展城市应具备海陆空交通方便的明显优势。航空优势对于国际化会展尤为重要；铁路及公路优势对于区域会展更为关键；而水运方便对于大型设备展览优势明显。即使在一个新的区域创建会展中心，首要的问题也是解决交通问题。比如海南博鳌，也需要具备交通条件。

　　二、气候优势。地理气候的优势是指适合人们户外活动的气候条件。过冷、过热、雨雪、阴霾、台风、污染等气候环境都不适宜举办会展。

上海世博会展览馆

上海世博会的中国馆

三、旅游资源优势。是指会展举办地有明显的自然旅游、人文旅游资源。在会展界，以英国为代表的学术观点认为奖励旅游也是会展业的构成部分，且不说是否科学，但道理是对的。任何会展都是集会行为，都是吸引举办地之外的会展代表聚集的行为，绝大多数人都希望利用会展的闲暇时间，体验会展举办地的风土人情。这是难以回避的体验期望问题，也是会展魅力的重要成因。

四、场馆及接待条件。大家都知道奥运会、世博会的申办和筹办过程很长，主要原因就是给承办方相对充裕的时间改建场馆及会展接待服务条件的准备。一些大型的会展几天之内会吸引十万以上外地人员集聚，如果不具备充裕的接待能力，会议代表一定会怨气冲天。而会展的接待能力不能盲目评估，一定要制订有效的接待方案。中国许多西部省会城市都有过这方面的教训，一旦会展来人多了，就会局面失控。

五、举办地社会治安环境。预选会展城市需要具备良好的卫生环境和治安环境。疫病流行、政治对立、宗教纠纷、民族矛盾、群体事件、盗抢频发、秩序混乱等情况都不适宜举办大型会展活动。

会展城市的选择主要约束的条件就是这些。此外，城市的会展历史、政府的支持态度都对会展能否顺利举办有密切关系。一些超大规模的会展，对会展备选城市的选择需要提前1～2年进行考察，对于上述条件要进行耐心询证。

作者在戛纳

第四十五回　展馆的选择

会展城市确定后，就是确定会展场地。在经常举办会展的大城市会有多处场馆的选择余地，但中小城市可能只有一两处会展中心可选择，这时可能只是选择档期的问题了。本文主要列举选择场馆要考虑的要素。

一、会展中心的硬件设施。会展方案确定了会展硬件设施的要求，如面积、人数容量等指标，决定了会展举办地哪些场馆在选择范围。特殊情况下也会出现场馆分离举办的情况，总之，要满足预定面积的要求，尽量把会展活动集中在一个场馆中。

二、会展中心的服务能力。每一个会展中心都是有差异的，能够提供的服务功能也不同。要根据展览需要寻找合适的场馆，比如，会展中心的综合商务服务功能、搭建服务功能、展务协助功能、展具租借服务功能等。

三、会展中心的交通条件。会展中心在中国国内一般呈现下述状况，硬件设施及展馆面积较好的新建会展中心距离城市中心较远，交通不便，但停车和物流运输相对方便；旧有的会展中心在硬件设施和面积方面相对较差，停车也困难，但市内交通便捷。国际上一般采用加开专线通勤车的方式，解决参展商及观众的交通问题，专线一般设置在会展中心与会议代表指定入驻酒店之间，有固定的发车时间，一般要公示在酒店大堂或会展中心停车场。

四、会展中心的餐饮服务。交通不便的会展中心一般要提供餐饮服务，会展举办方要根据会展中心的实际情况确保参展商及观众的餐饮方便。如果会展中心没有餐饮服务，要协调场馆引入短期的快餐服

上海世博会展馆

展馆考察

展馆设施考察

务。近年来，美国会展中心意识到餐饮服务的重要性，会展中心基本都配有长期餐饮服务。

五、会展中心的考评记录。目前我国还没有开展公开的会展中心服务考评工作，会展举办人可以通过前期考察或和其他有过举办经验的公司了解一个城市各会展中心的综合服务考评情况，选择口碑或记录好的会展中心为举办场馆。

六、综合成本比较。会展中心租用的价格是比较重要的决策因素。道理很简单，租金价格越低，会展举办方的成本就越低。但租金价格的高低不是选择场馆的决定性因素。要综合考察上述情况并考虑会展的实际需求来决策。如果场馆条件过于简陋，不仅影响会展质量，还会影响会展形象。

会展的形式多种多样，会展的需求也格局迥异，选择会展的原则也不能一概而论，只要合适就是明智的选择。

第四十六回 驻场式会展

举办会展有驻场举办和流动举办两种场地策划选择，驻场会展是指会展举办人把每届会展固定在某一城市、甚至某一会展中心；流动会展是会展举办人每年选择不同的会展举办地。会展中的多数展览活动比较适合采用驻场会展方式，但也要注意驻场式会展的利弊，扬长避短，打造会展品牌。

驻场会展的优势在于：(1)驻场会展方式有利于会展举办人树立长期会展品牌形象。尽管会展举办人每年还要正式宣布会展的具体举办时间、地点信息，但国际化会展基本的做法是把会展固定在每年的某月、某周，在固定的场馆举办，便于参展商惯性安排次年业务计划和参展工作，形成长期的会展周期惯例，打造会展品牌；(2)驻场会展容易得到会展举办地城市政府的支持。地方政府愿意支持长期驻留的会展，因为这种固定的会展能给城市带来稳定的综合效益。地方政府愿意为长期项目做战略投入和综合协调服务；(3)驻场会展受到会展中心

投资与收藏博览会

会展开幕式

的欢迎和支持。会展中心最愿意多个驻场会展落户在会展中心，不仅形成稳定的场地租用业务，也便于会展中心把空闲档期早作安排，拾遗补缺。会展中心也愿意给固定客户提供长期合作的优惠价格及便利条件；(4)驻场会展也方便参展商了解和参加会展。经常参加驻场会展的客户，对会展的时间、地点预先做到胸中有数，对场地、会展服务也非常熟悉，能够感受到便利性和环境的熟悉，便于提前安排参展计划；(5)驻场式会展对举办人提供了工作便利。一些会展公司可以在会展举办地设立分支机构，便于会展策划的现场实施。同时，便于会展举办人与驻场会展中心形成工作默契和良好的客户关系，轻车熟路，掌握工作的主动性。会展举办人与会展服务公司的合作也可以形成长期合作关系。

驻场会展的弊端在于：(1)会展每年在固定的地点举办，容易引起参展商兴趣索然。因为参展商参加会展的目的不仅仅取决于业务利益，还取决于参展代表的体验期待。周期性在一个地点参展，会出现精神厌倦；(2)固定的会议中心限制了参展商的创新展示可能。一些会议中心受建筑、配套设施的限制，不利于参展商参展创意、创新主观能动性的发挥，而会展中心又不可能进行大的改造，会展的设施条件妨碍了会展举办人丰富、完善会展的努力愿望；(3)驻场会展会出现成熟后的衰退现象。老时间、老地方、老模式，时间久了，容易使会展失去活力。

北京展览馆

会展场馆

第
四
十
七
回

流
动
式
会
展

　　长期化会展还有一种形式，就是流动式会展。流动式会展也属于长期会展范畴，就是同一个主题的会展在每届选取不同会展举办地举行。目前，综合性会展活动如世博会、奥运会等都采用流动举办形式，更多的国际性会议、论坛也采用流动举办形式。

　　流动式会展的特点是：(1)每届在不同的会展举办地举办，会展举办地具有不确定性；(2)流动形式的会展对品牌化、权威性要求很高。一般能够采用流动式会展形式的会展要么是国际化品牌，要么是区域化品牌，要么是某个领域的权威品牌，没有品牌、没有影响的会展活动不适合采用流动式会展形式。

　　采用流动式会展形式其优点是：(1)会展综合性效益有公平性。流动性会展一般具有较高的影响和吸引力，能够给举办城市带来阶段性效益，包括对举办城市的美誉度提升，因其有流动性，每个城市或国家都有申办机会，对申办城市群体而言有其利益均享的公平性；(2)流动式会展对参与者有体验期望吸引力。由于流动性会展每次在不同的城市举办，会展参与人会感到新奇和体验期待，每次参与都会有新鲜的体验感受，进而增加了有效吸引力；(3)流动式会展对举办地城市地位提升效果明显。成熟的流动式会展几乎都有较高的影响力和社会关注度。对会展举办城市不仅在会展主题领域有明显的带动作用，对城市本身也有明显的推广提升作用。

　　流动式会展形式的弊端是：(1)会展品牌、会展影响力必须有所保证，否则，就可能江河日下，甚至趋于没落。没有影响力的会展如果采用流动式举办方式，会带来一系列的问题，无论是会展落地，还是

中国演出交易会会刊

展会手册封面

中国演出娱乐博览会招商手册

会展招商，都困难重重；(2)流动性会展给会展举办地带来的影响和效益有明显的阶段性。由于会展是流动的，其效益性也是流动的，会展举办期间带动的效益会逐渐减弱，不如驻场会展方式能够周期地、稳定地带给会展举办地综合效益；(3)流动式会展成本投入很大，对于会展举办地的投入有可能造成浪费。目前，特别是流动式综合性会展对申办城市基础设施要求越来越高，会展举办后，可能造成基础设施消化困难，造成浪费或后续经营困难；(4)大型流动式会展会造成阶段性城市接待能力紧缺。不仅像世博会、奥运会有这样的问题，一些国际化会议也存在这样的问题，一些有影响的国际化会议可能短时间形成几十万人口涌入的接待压力。

　　会展档期的选择与会展地点的选择一样重要，都是会展策划需要认真决策的要素。会展档期的选择需要考虑的因素主要有以下几个方面：

　　一、会展所在地的气候时令。会展地点确定之后，就要考虑会展所在地的气候时令问题。正常的会展尽量选择气候适宜的时节。户外活动体感舒适的时节是常规的展会良机。特殊的会展可能选择特殊的气候时节，如冰雪节就会选择有雪的档期。

　　二、会展所在地的活动档期规避。是指规避会展所在地举办的大型城市活动，有些城市活动可能是助力，有些城市活动可能是阻力。会展举办人要针对具体情况具体分析。综合评估城市活动对展会的影响。特别要注意展会举办地城市活动的人群消费意向和人群对拟举办展会的兴趣或排斥。

　　三、会展目标人群的适宜时间。是指展会所指定的目标人群是否有参加展会的自由时间。特别是B2C模式的公众展会，最好选择节假日时间。一些流动主题公园活动、节庆活动、嘉年华活动最好选择公众假期或学校假期；而B2B模式的专业展会可能恰恰相反，尽量规避占用休假时间举办展会活动。

　　四、同类展会的时间规避。同类展会的目标客户是相同的，最需要避免的是同城会展竞争。同时要避免异地同期竞争，极少行业展会采用短期内连续举办的模式，只有公众消费类展会可以异地连续举办。同类会展规避期最好在三个月以上。例如，北京举办的中国国际网络文化博览会一般在每年10月中下旬举办，而上海举办的同类展会

会展酒会

选择在7月举办。

五、参展商的时间规避。是指会展举办人要考虑目标参展商参加同类展会的档期分割。一些企业会选择参加几个国际、国内的会展，会展举办人要考虑自己所做会展的地位排序，尽量避免与强势会展在同期抢夺客户。

六、行业的工作时间节奏。是指行业会展要根据目标客户的行业特点来确定会展档期，一些行业适合年终、年初举办会展；一些行业适合年中或下半年举办会展。行业会展的举办时间要做市场调研，不能臆想决策。

七、会展场馆的档期协调。是指会展举办人综合了上述因素后与会展场馆确定具体时间。在一些会展集中的城市，场馆档期排得很满，需要至少提前一年与场馆确定档期。

此外，每一个会展都有其特点，只要充分考虑具体条件限制，就能够避免档期选择的失误。同时也要清楚，十全十美的档期是不存在的。

第四十九回　节日的会展

　　延续传统会展思维，B2C会展活动愿意选择节日期间举办，最主要原因是观众在假期可以有充裕的时间光顾展会。例如传统的庙会或嘉年华活动，选择长假日举办，能够保证最大的人流，比其他档期要好许多。而专业性会展要尽量避免在节假日举办，主要原因也是节日休假的原因会影响专业会展的效果。

　　我有三次节假日期间举办会展的教训，值得会展业同行借鉴。2002年"十一"期间，我承办全国老年文艺汇演活动，尽管观众组织不是重点任务，但同时租用多个剧场，在节日期间造成诸多不便；2007年我承办中国国际网络文化博览会也是选择了"十一"档期，预想是有利于门票销售，没有想到恰恰赶上假日旅游兴起，北京人去外地，外地人进北京，外地人首选还是名胜古迹，网博会观众量下降很多；2012年还是"十一"，我与通州区共同承办中国艺术品产业博览会，观众效果也不是很理想。

网博会情景

冬季举办的网博会

网博会情景　　　　　　　　　　　　　　　室内的开幕式

我总结重大节假日期间不利于专业会展举办的主要有以下原因：

一、放假会影响专业观众参与会展的兴趣。非娱乐性会展活动如在假期举办，专业观众不愿放弃休假计划继续工作。专业观众对于会展参观还会认为是工作的内容，占用假期去参观会展，在心理上有排斥情绪。

二、参展商对节日会展有抵触情绪。作为企业员工普遍重视长假期的休假，会展活动在节假日举办，会挤占个人假期，甚至影响私人家庭休假安排，即使企业决定参加展览，工作人员也颇多抱怨，情绪消极。

三、会展关联人配合不力。会展会引发场馆工作人员、搭建商、服务提供商、设备提供商、物流等诸多群体联动，都会因为公共长假期导致会展服务配合不力。

四、政府相关部门手续难办。大型会展会牵涉政府相关部门配合问题，节假日期间办理都很困难，比如展品进出海关、公安、交通、消防、工商等部门一些必须的手续配合都很难办理。一些政府部门还有节日前拒绝收文的规定，都会给会展带来阻力。

五、嘉宾难约。国内会展有一些难说对错的惯例，就是要邀请官员、嘉宾参与一些重要活动，节假日期间也很难邀请。

会展需要人气，特别是B2C模式会展考虑到节假日观众方便是对的，但要慎重对待重大节假日会展档期选择。一般情况下，正常的周末应该包括在展期内。会展场馆所有人一般也会把租借期划分出包括周末的单元分别出租。

第五十回
确定开幕日

会展档期确定后，就要确定会展的正式开幕日，这在技术上没有太大的难度，一般情况下，留出必要的搭建时间，就是开幕日了。开幕日是会展一切工作的计时器，开幕日之前的所有工作都是为会展开幕做准备的，开幕日是会展筹备工作的倒计时起点。

中国人相信黄历，我主导的会展多数情况下按照黄历说的好日子为开幕日。有人认为是唯心、是迷信，但我并不这样认为。会展业是典型的时点经济，如果短暂的几天会展期出了问题，其后果是无法弥补的。平时诸般努力和辛苦，都是通过短暂的几天来体现成果的，如果开幕日不利，会展基本就失败一多半。所以，我十分在意开幕日的选择。

许多同行不理解我的做法，他们认为只要平时的招商招展工作做好了，具体哪天为开幕日无关紧要。我的理由是这样的：熟悉会展业的朋友知道，多数会展的招商招展工作是十分辛苦的，遇到困难和打

作者与会展同事

中国国际艺术品投资与收藏博览会开幕式

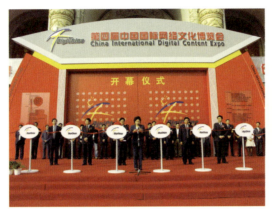

会展开幕式   作者在会展现场

击，真是家常便饭，如果没有一个坚定的信心，就很容易灰心丧气，
全无斗志。那信心来自哪里呢？对我而言，就是来自开幕日的良辰吉
日，也许这是自欺欺人，但经验告诉我，一想到开幕日开业大吉，就
信心坚定，就坚信当时的困难是暂时的。

　　我女儿很滑稽，她每到考试时就烧炷香。我讥讽她说："我见过临
时抱佛脚的，没见过你这样临时抱佛脚的。"平时不努力学习，考试
时祈求佛祖保佑太投机了。我用这个生活插曲是想说明，确定一个有
信心的开幕日很重要，重要之处在于给你坚定的信心。但绝非可以不
努力，等着天上掉馅饼。

　　我记得一次确定中国国际网络文化博览会开幕日，我翻过黄历，
只有展馆租用期的第二天是好日子，我就确定为开幕日。我的团队都
反对我的做法，因为这样做就没有足够的展览搭建时间，我坚持了我
的意见。之后我亲自去展馆与其负责人张莉女士沟通，她帮助我协调
了上一个展览的撤展时间，保证了网博会顺利开幕。我这种近乎偏执
的做法并不值得提倡，只是作为一个会展创业者确实担负着巨大的压
力，这种做法只是自我调解、缓释压力的行为罢了。

　　确定一个好的开幕日，就是给自己一个积极的心理暗示。我只想
说明：在会展初创期，必须有必胜的信心和信念，尽量给自己一个好
的预期，然后去正视现实，克服困难。

第五十一回 评奖的策划

会展策划中有时会涉及评奖活动，评奖、评比活动可以单独设计，也可以结合会展策划，会展的评奖活动实际是针对参展商参展期望设计的一种评比，满足参展商参展的名誉需求。这里主要谈结合会展开展的评奖、评选活动。

一、会展的评奖活动要体现会展主题。融于会展的评奖活动就应该同会展主题密切相关，会展举办人举办的行业会展，就只能根据行业关注的问题策划评奖，不能跳出行业进行其他领域的评奖活动。评奖、评选的目标，可以是企业、人物，也可以是产品或服务，还可以是经营模式、创新技术、社会形象等内容，但都要与会展主题有呼应关系。

二、会展评奖应该具备权威性和公平性。权威性是指评奖机构及评委要具备行业或领域内的权威性，而不是会展举办人的公司来主导评奖活动。政府、协会、学会、商会、非营利组织、媒体、平台等都具有一定的权威性，评委也应是行业里的知名人士或第三方人士，不宜聘请企业人员担当评委。公平性是指评选的结果与企业背景、参展面积、商业资助没有关联关系。简单说就是不能因人设奖。如果强调行业评奖的权威性和公平性，最好评奖范围涵盖整个行业，而不局限于参展商范围内。当然，有些评奖就是展会评奖，那么，保持对所有的参展商的公平性就可以了。

三、评奖活动必须有严肃性和坚持标准。评奖活动要事先公示评选标准并严格按照标准执行，一些奖项可以空缺，也不能压低标准，坚持宁缺毋滥的原则。权威性、公平性、严肃性是打造评奖活动的内在价值，只有坚持以上原则，奖项才有含金量。

四、注意评奖活动的合法手续。国内政府对评奖活动、评选活动多次颁布文件，限制五花八门的各种评奖活动，主要反对冠之"中国""国际""全国""中华"等字样的评选活动，会展开展以主题活动形式的评选活动还是可以进行的，但是要注意不能任意扩大评奖活动范围。

会展评奖活动是双刃剑，有其积极作用一面，也有因操作不当产生消极作用的一面。如果解决不了评奖活动的权威性和严肃性，会大大贬低奖项的价值，也会给会展举办人带来参展商关系协调的诸多麻烦，还可能伤害部分参展商，影响会展举办人的会展品牌及形象。

会展评奖活动

会展评奖活动

会展评比活动

参加第二届全国十大演出盛事评选活动

第五十二回　会展的联动

会展的联动有两种情形，一种是会展公司采取巡展的方式独立或合作在异地举办同类会展；一种是会展公司与其他会展公司进行战略合作，异地连续举办同类会展。两种联动模式的主要好处是降低参展商会展成本，扩大会展收益。

一些促进消费、推广产品服务、宣传企业形象的公共会展可以异地连续举办，一些专场企业产品推广展会目标客户是当地消费者，就可以制定连续或同期异地举办会展的计划。例如，某手机企业新产品促销的专场会展，就可以在多地同期推出。一些艺术品展览就可以策划巡展销售计划。

尽管"同行是冤家"，但面对广阔的异地市场，同类展览的不同会展公司也可以联合策展。我承办中国国际艺术品投资与收藏博览会期间，招募国内外优秀画廊参展，经过市场调研，发现国外画廊希望能够一次性在中国不同地区连续展览，既节省差旅、运输、保险费用，又可以最大幅度推广画廊及画廊代理的艺术家作品。我主动与上

东京动漫展中国代表团邀请函

网博会晚宴请柬

艺术北京请柬

首届大学生运动会请柬

艺术北京请柬

海国际艺术博览会组委会沟通，经过协商确定了北京艺博会与上海艺博会联动的机制，每年提前协调下一年两个艺博会的展期，相隔一周时间先后在两地举办。这样，参展画廊就可以连续参加两个博览会，国外画廊可以提前协调入关、出关时间地点，避免重复运输。

同类会展的联动机制，不仅给参展商带来了很大方便，也给联动会展带来更多的客户，互相带动企业参展的积极性。但有一些同类会展是不宜采用同期或近期联动方式的，比如，展位特装为主的展会，筹备期较长，参展商没有精力和时间连续参展；还有市场有限的行业展会，特别是专业展会，也不适合连续举办。

在国外，许多会展的主办方或发起方都是行业协会，协会也是行业展会的协调人，对于行业中的专业展会都会采取档期规避的做法，避免专业展会出现短期内联动。而展览公司举办的同类展会会有展览商协会协调同类展会的档期。在国内，地方政府的会展审批部门也会有同类展会避让的审批限制。

由于看好中国的会展市场，许多国外的会展公司正试图开辟中国或亚洲同类会展的联动机制。这种联动模式主要是在档期互补、目标客户现实需求与兴趣方面培育新的会展，都会避免冲击已有会展的客户稳定性，更近似于培育局部的本土化区域会展，以谋求同类会展的全球垄断地位。

成熟的会展，会出现会展举办人对参展商及专业观众的待遇区分，一部分参展商会列为VIP展商，一部分专业观众或特邀嘉宾会列为VIP观众。尽管有人对这种区分持不同意见，认为是一种服务歧视，但这种区分在许多品牌化的商业会展中还是得到追捧，越来越多的会展开始推行这种做法。

对VIP展商划分的标准和依据尚无法统一。从世界范围看，主要的依据也是多种多样，主要依据有：(1)参展企业在行业中的地位，比如我们常见的福布斯企业排行榜，就对多个行业进行了企业综合实力或主要指标做了企业排比，一些展会就依据企业在行业中的地位进行划分；(2)按照行业协会提议进行区分。一些会展是行业协会举办的，协会会依据企业是否是协会中的理事单位或企业的影响力、企业对协会的贡献大小作为区分标准；(3)以参展商、赞助商对会展的贡献程度来区分，这种区分多是商业会展公司举办的会展所依据的标准，主要以参展面积、资助金额来区分；(4)根据参展商对展会的历史贡献来区分，比如某些会展的发起人就是一些企业，这些企业享有特殊待遇无可厚非，还有一些老客户，多年来始终坚持参展，也是会展的坚定支持者，也应该给予特殊优惠。对于会展举办人而言，如果一定要对参展商进行区别，应该坚持参展商的行业地位与对会展的贡献双重标准是比较科学的。

对VIP展商实行特殊待遇的做法也各有不同，有的展会仅仅是在招展政策上做出区别，比如VIP展商在参展价格上给予更高的折扣、可以免费出席招待酒会和应付费的会议、可以领取多份额的展会资

VIP 展厅

料、可以提供指定酒店的免费商务住房或飞机商务舱的打折优惠等。有的展会会给VIP展商提供独立的展区，谢绝普通参展商和观众进入VIP展区，有独立的VIP通道和独立的VIP休息区。

我在参加戛纳国际音乐节时，考察了展会设置的VIP专区，专区按音乐公司行业实力标准划分，集中了国际上顶级的22家音乐公司，展位由会展举办人设计搭建，每个公司面积平均，都有独立的阳台休息区，还有免费的茶点休息区。麦当娜等大牌歌星也云集于此，独立的贵宾通道检查严格，每位到访者都需VIP展商代表预约接入，感觉还是很不同的。其实，对客户进行差别区分是符合客户关系管理原则的，恰如其分的区分管理，对展会提升形象是有益的策略。

在会展策划中，会根据前期商务洽谈意向，给集体参展的国家或地区以特约主宾待遇，这种做法也是扩大会展影响、吸引区域企业参展的好方式。在国际会展中，叫主宾国展商，在国内会展中称为主宾团展商。

多数主宾展团的确定是在策展方案中确定的，这需要有提前的沟通，有了明确意向后再公布展会方案；也有在招商招展过程中临时确定主宾展团的情形，这种情形一般是某一国家或区域有一定规模和数量的参展商同时参展，会展举办人决定给予主宾展团待遇。

主宾国或主宾展团可以给哪些待遇呢？一般有以下几个方面的优惠、优先待遇：(1)会展宣传推广的特殊待遇。会展举办人会在展前、展中，甚至展后都给予主宾展团明显的宣传推广地位，包括在会展手册、会展日报、展场广告等方面给予独特的宣传推广，也会安排新闻媒体对主宾展团进行集中采访报道；(2)会展现场的展位位置优先。会展举办人会根据主宾展团的要求，尽量协调最好的位置给主宾展团；(3)给予参展费用部分优惠。由于主宾展团的展位有一定的规模，特别是事先策划的主宾展团都能够享受适当的价格优惠；(4)为主宾展团举办一些主题活动。会展举办人会配合主宾展团开展一些主题活动，如主宾展团的开展仪式、欢迎酒会、主题活动日、研讨会、论坛等活动，突出主宾展团的地位；(5)特别的会展礼遇。会展举办人会对预定的会展活动、仪式等显示礼遇的事宜，从先、从优给予主宾展团的主要成员，甚至会邀请主宾展团参加一些封闭会议。

临时在招商招展过程中确定的主宾展团对于会展只有招展的益

处，有利于完成招展任务而已；而在会展策划过程中确定的主宾展团对展会有自身价值提升的作用，能够体现会展举办人的办展意图，体现会展主题。会展策划的主宾展团需要明确的设计思想，例如，2006年的法国戛纳音乐节，邀请中国为主宾国。会展举办人提出的理由是：东方音乐是世界音乐的重要组成部分，而中国近十年来的音乐创作、制作都代表了东方音乐的水准，特邀中国为本届音乐节的主宾国，促进以中国为代表的东方音乐融合到世界音乐大家庭中。还有些展会以行业领先技术、产品为主宾国或主宾团的选择依据。这种体现会展策划理念的主宾展团做法是扩大会展影响力和树立会展品牌的行为，值得提倡。

主宾国活动

主宾国论坛

中国展示民乐

主宾国宣传

招商与招展

第五十五回

会展的推广

　　会展的招商招展工作与会展的影响力密切相关，越是品牌会展，越容易开展招商招展工作，而会展的影响力在于会展的宣传和推广，如何有效推广会展，需要会展举办人根据会展属性确定相应的推广策略。

　　一、根据会展属性，选择推广渠道。会展的属性不同，决定了各种媒体、广告渠道的优势、劣势不同。开放式的公众会展，就要选择大众媒体和社会广告；封闭式的专业会展，就要选择行业媒体和专有广告渠道。现在的媒体渠道主要有电视、广播、报纸、杂志、网络等，广告渠道有直投广告、户外广告、媒体广告、楼宇广告等形式，媒体及广告渠道各有自身特点，要根据会展属性，确定采用的媒体及广告形式。

　　二、寻求行业资源推广渠道。对于行业会展，还是要把主要市场推广精力投放到比较专业的渠道中，这些渠道主要有行业媒体、行业学会、协会会刊、行业电子杂志、行业各种会议及论坛、行业相关

作者接受采访

作者接受采访

展会、行业数据目录服务商、行业培训机构等。行业专有渠道具有目标客户明确且集中的特点，最适合行业会展推介。我有一位在北大研究生班学习的同学，他是某保险公司的部门经理，利用学习培训的机会，联络多个研究生班同学，业绩迅速增长，以此例说明特殊的渠道对业务推广效率之高。

三、海外市场的推广。可以利用国外领事馆、企业在华机构进行推广，也可以利用中国驻外领事馆、海外代理等方式推广会展。

四、网络上的会展推广。一是利用互联网的强大传播功能，进行会展信息推广；二是建设好官方网站及官方网站链接进行会展推广。官方网站的作用十分重要，可以通过搜索引擎排序搜索等手段，增加官方网站的点击率，官方网站是最全面的会展信息传播手段。

五、利用会展前期主题活动进行会展推广。会展的前期主题活动是一种有效的会展推广方式，活动持续时间越长，活动影响力越大，对会展推广的作用就越大。

会展推广的目标有两个，一个是潜在的参展商、资助商，一个是会展的观众群。目前，会展活动的推广多采取新闻发布会及户外广告的方式推广，但很难凸显会展信息的独特性，一些会展可以采用明星代言人或通过事件营销的策略，扩大会展的知名度和影响力。

中国演出娱乐博览会发布会

第五十六回

会展的招展

在会展工作中，招商与招展是企业获得收入的主要业务途径，招展主要是指展位销售工作和专业观众招募工作。招商与招展工作都与会展活动密切关联，两者相互促进，相辅相成。

招展工作。招展是完成既定展览面积的展位销售任务。一般情况下，会展的展位是既定的，是按照会展公司与展览场所签订的场地租借协议所约定的面积划分的展位图开展工作，不能任意扩大和缩小。商业展览一般按照标准展位和光地两种形式销售。标准展位是指会展举办方统一搭建的面积相等，规格一致的建议展位，可能是9平方米，也可能是6平方米、12平方米等标准化展位；光地是指按照展位规划确定的既定区域，由参展商自主搭建的展位。一般情况下，标准展位的平均价格要高于光地销售价格，主要原因是标准展位增加了搭建费用，而光地需要参展商额外出资搭建（特装）。光地销售越多，会展的特装企业就越多，展会的形象就越好。但会展举办方要考虑参展

艺术北京展

网博会情景

网博会情景　　　　　　　　　　　　　会展筹备会议

商的不同需求，要保持一些标准展位，保证让更多的参展商能够参与展览展示。

展位销售的价格确定一般是按照会展成本为基础，借鉴同类展会展位价格来确定的。展场发生的租金、搭建费用、附属设施使用费用、电费及手续费等直接成本是最为基础的计价底限。会展公司的运营费用也要适当摊入计价成本。目前，国内按9平方米计算的标准展位最高不超过25000元人民币；光地价格每平方米不超过2000元人民币。

B2B模式的会展一般展位价格比较高，主要原因是此类会展的盈利模式比较单一，主要依靠招商招展获得收入，门票收入并不高；B2C模式会展的展位费价格比较低，甚至会出现大量的置换展位或优惠价格展位，甚至免费或有偿邀请参展商，门票收入是此类展会的收入主项。

招展必须制定统一的销售政策，慎重使用折扣政策。实践证明：以附加资源套餐的形式代替折扣方式，更有利于举办方和参展商。任意打折或不执行统一的销售政策，所带来的后果是十分严重的，会造成参展商对会展举办方的猜疑，直接影响展位销售。更要小心"回扣"的促销方式使用，个别参展商代表会向举办方招商招展部门提出"回扣"要求，会展公司应该有相关问题处理方式的培训，最好不要开口子，可以通过客户关系的方式处理此类的过分要求，防止因"回扣"行为导致双方的信誉出现污点。

第五十七回　招展的激励

会展的招展就是会展的营销，这也是会展策划之后的执行阶段，在会展工作中是重中之重。这里先谈谈如何对招展部门负责人进行有效的激励。

招展部门负责人的责任重大，不仅负责人自身是一个优秀的会展销售者，还要带动整个销售部门取得整体业绩。通常情况下，会展举办方都会制定按展览销售业绩提成的制度激励销售人员，招商部门主管很容易因为简单的激励政策把自身混同于普通的招展人员，而忽略了整体业绩提升。我在实际工作中，逐步摸索出一些有效的激励方式，能够促进整体业绩的提升。

一、招商招展按业绩奖励。除了一些特殊的品牌会展外，招商招展工作都是会展的重要工作，都要花费很大的精力，特别是新开创的会展业务，招商招展直接关系到会展的成败。对招商招展工作人员给予特殊的奖励是通用的做法。一般按照招商招展的展位面积和金额实行提成奖励。

二、激励考虑带动团队利益。任何一支招商招展团队都是不同人员组成的，每个人的工作态度、社会资源拥有程度、沟通能力等都是不同的，总有出色的员工和业绩平平的员工，简单的提成激励，保证不了招商招展总体成果最大化，就需要通过对激励模式的设计促进整体业绩的提升。有效的做法是对招商招展团队按照预定任务指标设定团队激励方案，可以是按比例提成，也可以设计旅游奖励等措施。这样会形成团队的工作目标，形成团结协作的企业文化，进而推动整体业绩提升。

三、招商招展负责人的激励。招商招展负责人首先要具备协调组织团队开展业务的能力，即使是个人招商招展能力极强的人员，也未必是优秀的部门经理。部门经理应该有目标执行力和团队号召力。对部门经理的奖励应该设置两个考核指标，一是个人的业绩激励；二是团队目标完成情况的目标激励。比例应各占50%权重，促使部门经理能够帮助团队所有成员都有不俗的业绩，而不是部门经理的个人业绩遥遥领先。

四、设置必要的惩处底限。如果不考虑人性化管理，企业可以采用"末位淘汰制"和达不到最低任务指标淘汰的方式。这种不留情面的激励方式是行之有效的，但对员工的压力也是巨大的，也确实对一些员工显得不公平，所以，建议采用惩处底限的做法，科学地评估员工能力，设置适当任务指标，如果还达不到，就取消绩效工资。有奖有罚才是完整的激励机制，只奖不罚，会形成消极的企业文化。

此外，会展公司要形成全员招商招展的激励机制，避免把压力只局限在一个部门，也鼓励全体员工关心招商招展工作。

作者参加美国 E3 展会

B2B 展会

会议仪式的组织

第五十八回 招展的代理

　　会展公司为了扩大招商招展范围，往往会委托一些代理人开展招商招展代理业务，这确实是一个好的拓展业务方式。稳妥地开展代理业务，能够有效带动会展的影响并增加会展工作的招商招展业务能力。

　　招商招展的代理有三种方式，授权独家代理、一般代理及专项代理。

　　一、授权独家代理。授权独家代理也称一定范围的全权代理，就是委托人与代理人签订明确的代理协议，协议会清晰约定代理人的业务范围和业务指标。授权独家代理一般情况下会约定代理人必须完成的业务底限并收取授权代理押金，如果代理人不能完成业务最低限额，授权的会展公司会没收代理押金，当作机会成本的补偿。例如，中国的会展公司委托一家公司或个人作为面向日本参展商的招展代理人，原则上，这个会展中所有来自日本的客户都应算作代理人的工作业绩，即使是客户没有通过代理人报名到会展公司，也应该算作代理人的业务范畴。

东京国际会展中心

展场广告

授权独家代理是一定业务范围的垄断式代理，所以，会展公司签署独家代理协议时一定要特别慎重，特别是如今互联网时代和跨国公司全球化时代，轻易签订独家代理协议，有时会得不偿失，甚至会制造出许多商务纠纷。独家授权代理业务可以开展，但要在协议拟定时充分考虑到特殊情形、授权范围区域和最低任务指标的高低，独家授权代理是最典型的双刃剑，所选非人，会作茧自缚，对招商招展工作带来阻力。

二、一般代理。是指会展公司制定的除了本公司招商招展部门之外的通用招商招展奖励政策，没有具体指定人，所有为招商招展工作做出业绩的人都可以享受一定比例的奖励提成。一般会约定公司内部人员和外部人员不同的提成比例，公司外部人员的比例会高于公司内部人员，但不宜高出太多，防止影响公司内部人员的积极性或转向故意串通外部人员领取奖励率差。

三、专项代理。专项代理是指会展公司根据招商招展业务需要，委托具有独特资源的公司或个人合作专项的代理招商招展业务。这种专项代理具有目标明确、业务资源独特、招商招展客户重要的明显特点，类似于企业特使的角色。会展公司如果经过认真梳理，能够动用多个专项代理人，对会展业绩提升会有很大帮助。

灵活运用代理方式招商招展，不仅是业务开展的一种有益形式，更是一种开门办会展的思维，众人拾柴火焰高，代理形式熟练运用是规模化会展趋于成熟的重要标志之一。

第五十九回　海外的招展

　　会展举办人运营的展会，自然希望影响越大越好，而会展影响的大小，不仅在于国内的影响有多大，还取决于是否在国际上有影响。文化部外联局对国际文化展有一个内部衡量标准，即国际化文化会展需要至少有三大洲、六家国外公司参展才能按国际展审批，且不说文化部外联局的内部标准是不是科学化标准，但一个知名展会能有更多的海外公司参展才标志展会的品牌化和国际化。

　　海外招展的渠道、方式很多，这里主要介绍几种比较有效的方式：

　　一、在海外设立会展办事处。这种方式是会展举办人在国外注册分公司或办事处，主要任务是在海外招展。这种情形一般发生在大型会展公司身上，这种大型会展公司或集团每年不仅仅只做一个展览，会有几个、甚至更多展览，在主要招展目标国家设立分支机构，常年为会展公司拓展海外参展商入境参展业务。这种方式的优点是：分支机构归会展公司直接管理，工作目标明确，对工作尽职尽责，便于服务海外客户；缺点是：分支机构成本开销很大，也可能达不到预期目标。

　　二、寻求海外代理公司帮助。这种方式是寻求海外会展服务公司或商务机构代为招商招展。可能采用独家代理或普通代理的合作方式，合作伙伴按委托人的指示在招商目标国家开展招展工作。这种方式相对会展公司在海外设立分支机构的方式而言，有利有弊。有利之处在于节省招展成本，海外有代理人；其弊端在于会展公司无法监督代理人作为程度，没有管辖权利，只能依据协议管理，特别是普通代理方式，往往流于形式，很难收到理想效果，还有可能出现信息传递失误等问题。

会展序厅广告　　　　　　　　　　　　　　　　　　会展序厅指示牌

　　三、寻求国内驻外使馆、领事馆等机构帮助。国内驻外使馆、领事馆有促进国内外经济、文化交易、交流的功能，会展举办人可以与之沟通，委托驻外机构协助推广宣传。这种方式在理论上没有问题，但在实际工作中需要会展公司能够与驻外机构的人员保持良好的沟通，否则，可能就流于形式，收不到实际效果。

　　四、设立面向海外的招展网站。在互联网应用普及的今天，会展公司打造外语网站是很好的选择方式。互联网是最忠实的宣传工具，承载信息量也是海量的，通过互联网可以及时、准确、生动、互动地传播会展信息，也便于海外潜在的参展商寻找信息和直接与会展举办人进行沟通。设立外语招展网站需要注意的是海外网络域名应该符合海外习惯和便于google搜索。

招商是指会展展位收入之外的赞助收入、附属服务收入及增值服务收入、广告收入等招募组织工作。招商是招展业务之外扩展会展收益的重要工作，通过会展平台最大化获得平台创造的综合价值。除了会展的门票收入外，与会展相关的综合收入都可视为招商业务领域。

在会展招商工作中有一句名言，叫做"卖掉一切可以卖的"，就是说会展建立起的平台资源要充分发掘价值。我不完全梳理一下，大致有七个方面的资源是可以通过招商工作实现经济收益的。

一、是品牌资源。是指外界希望通过会展品牌或契机达到宣传推广企业形象、产品、服务的商务合作资源。例如，冠名权或会刊合作媒体等；

二、是广告资源。会展的场地、网站、资料、门票、会展用品都是广告资源，甚至可以单独搭建广告设施，获得最大化广告收益；

三、是增值服务资源。许多企业并不需要特定的展位来宣传产品或服务，但要借助展会的人群集聚效应获得短期收益，会展举办方可以通过有偿合作的方式，既增加了展会服务手段，又获得了合作收益。例如，现场快递服务等；

四、是关联活动资源。一些企业可能通过展会期间召开会议或举办专题性活动进行宣传推广活动，就是搭顺风车，都能够给会展主办方带来收益；

五、是展会服务资源。会展期间的服务，一些是需要会展举办方亲力亲为提供的，一些是可以有偿引入合作方提供的。例如食宿餐饮、旅游娱乐都可以通过合作产生效益；

展会赞助商广告

六、是会展衍生资源。会展的会刊、纪念品、会展报告等都是可开发的资源。

七、是会展延伸资源。会展举办期间对会展举办地的综合拉动作用，也可以因会展举办者的主导地位派生出消费的引导影响，这种影响完全可以开发利用而产生效益。

会展招商资源实际是会展的有形资源和无形资源的综合开发使用。会展举办人要看到所举办会展的平台价值，既要看到有形的展馆、建筑、展位、设施、广告牌，也要看到可以传递给参展商、观众的一些信息传递形式和渠道，更要意识到会展的行业影响力和行业人士集聚，大量观众集中而产生的传播价值。此外，要看到会展平台立体的拓展和衍生价值。既然有价值，就可以通过设计产生经济效益。

对于品牌会展而言，招商不仅是创收的主要渠道，也是节支的重要途径。招商对于招展而言，具备更大的弹性和巨大的开发潜力。

展馆外观

第六十一回 数据库招展

尽管数据库重要，但有些会展企业还是不善于使用数据库，也不会维护数据库的时效性，没有发挥数据库的最大功用。

数据库的积累是一个过程。曾经举办过会展的公司，招展部门最喜欢重复性地邀请熟悉的客户参展，最不愿做的是新客户的开发。一些展会每年新客户的数量不足总量的30%，这样的新客户比例预示着会展进入了原地踏步阶段。如果不能突破新客户瓶颈，会展就开始走下坡路了。

如何增加新客户的数据库呢？最好的办法就是寻求行业协会的帮助和求助互联网。行业协会最好能够成为企业举办会展的发起方或协助人，一般的行业协会都有协会会员名录，也最了解行业动态；而互联网为会展数据库取得提供了最方便途径，一般的行业门户网站都有企业名录，极大地方便了会展企业扩大会展数据库。在国内，由于管理的漏洞，也有行业数据出售，有效性会打折扣，但聊胜于无。会展企业在封闭展会上会获得大量有效数据，可以通过专业观摩预约的方式收集数据信息，购买其他同类展会的会刊手册也是获得有效数据的途径。

只要用心就会获得高质量企业数据。根据我的经验，有两种客户最容易参加会展，一种是稳步发展的企业，每年都有市场推广的预算，都有参加展会的计划；一种是新开创的企业或处于高速成长期的企业，也有强烈的市场推广需求。此外，计划上市的企业出于路演的需求也倾向参加有影响的展会。

以网络文化博览会为例，说明客户数据库取得的路径。首先，会展招展招商业务人员要密切关注网络文化新闻，特别是网络文化企业新产品研发、推出、推广的信息，行业企业准备上市或已经上市的信息，企业兼并重组的信息，行业实力排行榜信息，同类会展动态信息，行业论坛、会议信息，行业报刊信息等。这些信息关联到的企业是最有可能参加会展的潜在客户。此外，要密切关注行业发展动态，行业动态是每届会展策划的重要依据。通过关注上述内容就会每天都能获得有效企业的数据。

会展公司对招展工作的要求有一项重要的考核指标，就是新客户的参展率及每个招商业务人员拥有的潜在客户数据库数量。此外，招展部门负责人很重要的任务就是分配现有数据库和要求每年增加新的数据库内容。数据库内容和数量的充实，是做好招展工作的基础。

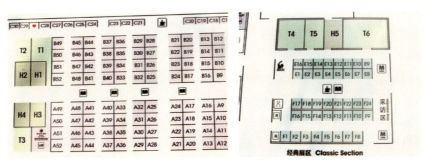

展位公告

第六十二回 招展走出去

会展招展招商工作极具挑战性，招展招商就是会展公司的销售业务。根据我的经验，要想做好此项工作，没有捷径可走，特别是展会初创阶段必须走出办公室，走到客户的写字楼里，面对面与客户沟通。

先说一个小的案例，2005年，有个女孩敲开我的办公室房门，我一看就知道是推销产品的。看到女孩怯懦的样子，我破例请她进来坐下，和她聊会天，我问她为什么犹豫不决地敲门，她说一直被人训斥，已经打算换个工作去做了，上门销售太困难了。我买了一只她兜售的手机防磁贴，鼓励她要落落大方，要有自信。一年后，女孩再一次敲开我办公室房门，气质优雅干练，她送给我一个漂亮的水杯，说是感谢我那次对她的鼓励。谈话间才知道，我买的防磁贴是她销售出的第一件产品，此后，她记住了我说的自信和从容，销售业绩直线上升，一年下来已经成为公司的小部门经理。为什么要讲这个案例呢？就是因为我们的展会销售人员最欠缺的就是自信和勇气。从事销售的人员，必须对自己的产品或服务有信心。前文谈到了会展之所以存在，是因为会展能够给参展人带来名誉、利益和体验预期，符合企业的需要。所以会展招商招展人员就要有底气。当然，不是每个企业都有计划参加会展，也不是每个客户都很礼貌，招商招展工作的挑战性就在于面对客户有没有耐心和勇气。

有了自信和勇气，就是如何与客户沟通、说服客户参展的问题了。客观条件不允许招展人员走访每一位潜在客户，但只要有条件，招展人员就要争取与客户面对面沟通的机会。人与人的沟通有多种方式，但对于招商而言，最有效的方式莫过于与客户见面沟通。与客户见个面，有可能还是达不到预期目的，但也没有什么损失，还可以多结识一些人，也可能会成为朋友。

　　拜访客户，除了要有勇气，还要有技巧和准备，技巧是如何让客户不排斥与你会面和给客户留下好的印象，准备是指会面前要做好功课，通过互联网或企业官方网站对客户有基本的了解，并能够根据客户的业务提出有价值的参展建议。不敢见客户、羞于打电话这样的人员不会成为好的销售员。

展场主通道颜色

主通道颜色

公告板相同颜色

展览设计色调

主通道开阔区

宣传路旗颜色

第六十三回　个性参展案

　　招展人员与潜在参展商客户沟通时，最重要的是让客户看到参展的好处。关键的问题是招展人员能否与客户沟通出一个有创意的参展方案。这个过程极其类似众多广告公司为争取企业的广告代理权比拼广告创意方案的情形，正常情况下，哪个广告公司能够拿出令企业心仪的策划案，就会获得代理权。会展招展时对于重要客户就要有能力提出有利于客户的个性化参展方案。

　　2007年，我带领两个同事到上海争取某芯片供应商参加中国国际网络文化博览会，客户表示：以前参展过同类展会，效果不够理想，对参展的兴趣不大。如果你们能够提出有效的展示方案，公司可以考虑参展。我事先了解到该客户正在推出双核芯片，特别想推广到网吧电脑应用之中，还编制了网吧管理软件。我提出了以会带展的方案，举办基于双核芯片的网吧管理软件演示会，并搭建网吧实景示范区，我们配合邀请全国主要连锁网吧业主及地方网吧协会负责人参会，演示推广与现场体验相结合。客户十分振奋，当即确定参展，这个公司指定专门负责人与我们共同完善参展方案。事后喝茶时，客户负责人感慨地说：没有想到，你们如此了解我们的需求，帮我们解决了直接、集中面对最有价值的客户推广的难题。招商工作也是一样，不能闭着眼睛伸手要赞助。我在艺术表演团体时，向一个国内著名电池生产企业拉演出赞助，提出了以"民族艺术，民族动力"为主题语的策划案，很顺利地拿到赞助。

　　怎样才能提出个性化参展方案呢？我认为主要思路就是做到知己知彼，谋求双赢，乃至多赢。知彼是指招展人真正做到了解行业，了解目标客户。了解行业不仅是要了解行业现状，还要了解行业发展的趋势；了解客户不仅是了解客户的概况，还有了解客户的战略意图和现实需求，这样才能有与客户对话的资格。知己是指对自己举办的会展所有资源的深度了解，不仅知道会展的所有活动与参与人，还要了解这些活动和参与人的边际效益。会展是交流交易的平台，会展是否成功就在于能否让所有的参与方产生有效的互动。

谋求双赢，乃至多赢是指在知己知彼的基础上，引发互利互惠的机缘，互为红花、互为绿叶，充分发挥各方的积极性，营造和谐的会展环境，让会展充满生机和活力。

说句实在话，会展举办方就是经纪人，最有资格判断怎样的参展方案会产生效果。只要招展人员用心，给客户以有价值的参展建议，都会赢得客户尊重的。

会展现场

第六十四回　展位的置换

商务会展的展位主要是用于销售给参展商的，但有时会选取部分展位用于会展举办人合作伙伴的合作项目使用或与合作单位进行资源置换。在国内的会展中，最多的置换展位用于合作媒体及相关会展的资源互换。

置换展位的做法有其道理，也是会展举办人节省办展成本的举措，在一些展会初创阶段采用这种方式，还是有积极效果的，既扩展了会展影响力，也丰富了展会现场，是值得尝试的做法。

对于媒体资源的置换，需要注意几个问题：(1)需要签署资源合作协议。在协议中，明确媒体对会展应给予的新闻和广告资源数量及价值；(2)如果置换媒体较多，可单独划分协作媒体区，展位宜偏离参展商核心聚集区；(3)置换展位要有数量限制，不宜超过展位面积的5%。控制数量的规模主要原因是避免喧宾夺主，此外是尽量扩大展位实际销售面积；(4)置换展位的媒体对象也要有质量控制。应该选择有影响力的媒体进行资源交换，宁缺毋滥，保证会展整体品质。

对合作伙伴或其他相关会展举办人的展位置换就更要慎重，"门当户对"是基本的置换原则，对于没有实际帮助，没有可操作性，没有实际控制力的所谓"资源"，不宜采用展位置换方式。会展举办人对展位置换应采取严格的内部审批流程，公司高层对置换展位的请示报告要认真审核，特别要审核置换目标人的实力和执行力，再签署置换协议。

在我们举办过的中国国际网络文化博览会上，曾经与新浪、搜狐等门户网站签署过资源互换合作协议，门户网站在网博会现场开设

媒体展位　　　　　　　　　　　　　　媒体专区

媒体合作　　　　　　　　　　　　　　媒体招贴

视频直播间，及时采访展会活动、参展企业高管及现场观众、政府官员，现场直播论坛及研讨会，对网博会的宣传推广起到积极作用，这样的资源互换就值得做。我们也曾经与一些缺乏实力的合作方用免费场地合作过活动，因合作方缺乏资金实力及活动执行力，活动做得半死不活，既没有亮点，也没有经济效益，这种置换就没有任何意义。

目前，一些海外的会展公司或港澳台的会展公司愿意与国内的会展举办人置换展位，如果国内会展举办人认为符合公司利益，有利于公司拓展海外展商，也可以尝试；如果，海外的参展商没有可能参加自己的展会，就放弃这种置换做法，因为有可能丢失一批客户。我认为多数展位置换的行为只能允许发生在会展培育初期，随着会展品牌的成熟，就要限制或杜绝展位置换做法。

第六十五回 工作的精神

　　我阅读美国小伦纳德·霍伊尔所著《会展与节事营销》时，作者在开篇的一段话让我沉思良久，愿和大家分享。他这样写道："如果缺少了献身精神，你就会犹豫、退缩、碌碌无为。无论你能做什么，或者你梦想你可以做什么，去做就好。勇气赋予你才智、力量和魔力。"

　　上述这段话，对所有追求事业的人都有启发，特别对会展界人士尤为重要。2013年3月，上海一位朋友给我打电话，感慨会展业务很难做，她说："像我们这样的人，有很好的学历背景，完全可以选择一个轻松的行业，何必这么艰难地吃会展这碗饭！"她的一席话我颇有同感，会展业比较其他行业而言，招商招展是主要业务，实际上就是营销工作，创出品牌的会展还有参展惯性可依赖，新创立的会展确实举步维艰，工作压力是空前的。如果抛开创业精神，把会展业务仅仅当作重复性的工作，新入行的人员确实会有畏难情绪。客户不愿会面、接打电话态度粗暴、经常会遭到无端指责、参展人突然变卦、

展会外部环境

会展晚宴交流

会展答谢晚宴

合作人频出事端等等，再加上会展开展日期临近而准备不足、管理者不断施压，工作人员经常会烦躁不安、心烦意乱。我和大家分享这段话，就是希望大家有一种精神和勇气，而且时刻重温这句话，才能保持一种平衡的心态。

中国有两句俗语，一句是：干一行，爱一行；另一句是：三百六十行，行行出状元。如果把会展当作事业来做，就会有一种精神。而恰恰多数人仅把会展工作当作一种工作岗位来看待，自然也就体会不到工作的快乐和感悟。这如同当前许多人都研究养生之道，但一个人没有一种快乐的精神，每天跑一次马拉松就能保证身心健康吗？不能说每个人都对工作应当有献身的精神和激昂的斗志，但尝试去热爱你的工作、用心体会工作的感悟、保持愉快的心情去面对工作，一定会是不同的工作状态。

我经常和同事参观或考察一些展会，之后我会分析展会的经验和教训。我的同事总是感慨我观察的细致和认真，其实，我只是多了一份兴趣和用心。而这份兴趣和用心恰恰是把会展当作学问和事业来对待。我经常提示同事们多用心，但很遗憾，多数人还是缺乏热情。也许这也是所谓的"二八"定律吧，能够脱颖而出的人才总是少数。

优秀的会展人一定是有热情且不畏困难的有心人。

第六十六回

用心对客户

招商招展人员最为苦恼的事情就是如何与潜在客户建立友好的沟通关系。沟通有许多技巧，但我认为技巧永远是皮毛，如果缺乏真诚，再多的技巧也无用武之地。归结一点就是招商招展人员与客户沟通要用心。

21世纪初，文化管理部门在广州查处了一处制造盗版音像品的窝点，地下工厂先进的管理水平让执法人员惊叹不已，这里仅说其中销售的数据库管理，从中可见其管理的用心程度。执法人员打开地下工厂销售部电脑，里面有所有的盗版经销商的数据库，令执法人员感叹不已的是数据库内容记录。每个客户名下都详细记录了每次销售人员与客户的电话内容纪要，包括购货品种数量、交易时间、结算记录、折扣率记录、个人信息等，其中个人信息涉及的内容五花八门，有个人爱好，孩子几个，年龄大小，是否上学，甚至有学习好坏的备注等等。执法人员审问销售人员，为何记录个人详细信息，销售人员回答

展位搭建

展位搭建

是，和客户一聊起个人家庭和孩子问题，就会拉近彼此的关系，许多生意就好谈了。每次和客户打电话都要打开数据库记录交流，既让客户感到感情熟络，又可以判断销售量和折扣率高低。我经常讲这个案例给我的会展公司员工，想让大家意识到什么是用心。

在实际工作中，拉近招商招展人员与客户关系的不是单纯的会展业务，而是彼此繁杂的信息交流，如果你能够了解和理解客户代表的诸多信息，就有许多话题可交流，即使对一些问题看法不一致，也会形成朋友聊天的氛围，也可以有机会让客户代表了解和理解你的世界，以朋友相处，就容易为彼此着想。有一次一个公司的客户代表打电话给我预约拜访我，我听到不是我熟悉的原来那位女士声音，我就在电话中问及原客户代表的情况，对方告诉我她休产假了。我随即打电话问候那位女士。第二天，我和新的客户代表会面时，客户代表告诉我，那位女士打电话给他，吩咐一定要配合我们工作。我们顺利签署了参展协议。

用心不同于心机或心计，用心是基于朋友之间的真诚关切和情感共鸣，是发自内心做你应该做的事情，是对工作融入了热爱和感情。我十分感慨一些招商招展人员，总是在最后一刻给客户打招商电话，平时没有任何与客户的沟通，这样的工作状态何谈用心。

我的一位朋友说:"有事不求人,求人没有事。"这句话讲的道理是与人相处,忌讳临时抱佛脚,加强平时联系,有求于人时,问题会迎刃而解。我对此深以为然。这个道理套用到招商招展业务中,就是把客户沟通的工作化解为平时功夫。

人与人沟通都有一定目的性,即使最无目的性的沟通也是寻求一种愉悦相处的和谐氛围。良好的沟通,互助互利,本身就不是违背道德的事情。我认为良好的沟通是有一个检验标准的,这个标准就是两情相悦。彼此见面或沟通信息会有发自内心的愉悦。市场化的客户之间会有良好沟通情况存在吗?答案是肯定的,而且由于市场关系会产生双方共识,互助互利,更会加深彼此的情谊。

会展现场

在多年会展工作中,我结识了大量朋友,手机存有近3000个电话号码。我更换手机时,手机商建议我把不用的电话删掉一些,我回答说:不能删,都是经常联系的电话。情况确实这样,与3000人经常见面我做不到,但经常打个电话、发发短信还是做得到的。一些业务工作中认识的朋友,尽管业务合作没有了,但交往并没有断。作为会展公司的董事长,我没有必要亲自与客户保持很密切的关系,但多年工作下来,已经和许多客户代表建立了深厚友谊,平时来往很多,有些朋友会经常找我喝茶,参展的事情很少沟通,他们都会努力配合我们的会展工作,我也尽可能帮助他们处理一些公事或私事。一些画廊、拍卖公司经常邀请我参加他们的活动,会主动关心我们的会展业务,也介绍许多他们的同行或朋友给我。2012年,我承办首届中国艺术品产业博览会,只是打了一通电话,就圆满完成了3000平方米的招展工

会展现场

作，这些人脉都是平时的沟通功夫。

我认为，销售工作有很大的挑战性，但也有很大的工作自由性。我从来都不严格约束销售部门的考勤纪律，也给予他们一些财务开支方便，鼓励他们多在客户中走走。每年在业务考核中，不难发现，业绩最好的员工一定是善于平时维护客户关系的员工。现在手机通讯技术及互联网即时通讯平台都为平时沟通客户关系提供了极大方便。善于利用这些手段，可以不用太多的精力就会达到事半功倍的效果。

会展公司在招商招展过程中，无论是参展合同约定的权利义务，还是特殊约定回报事项，都是有法律意义的承诺，会展公司应该严格履约。

在我所经历的工作中，出现过因未能履约产生纠纷的事情，总结起来有两种情况：(1)因不可抗力导致不能履约；(2)因疏于管理，未能认真履约。

因不可抗力出现爽约，(1)认真和合同方解释原因，尽量取得对方谅解；(2)按照合同约定的惩罚条款执行。如出现成本支出问题，可以与对方积极沟通，争取把损失和影响降低到最小化。

对于疏于管理造成的爽约行为，除了追究当事人责任外，还是要从根本上加强管理，不出漏洞。会展公司招商招展工作中，往往把合同签订视为工作阶段性终结，会把签过的合同移交档案管理或财务部门存档，合同数量很多，又多是制式合同，这样特别容易忽略详细的承诺条款，造成违约。

我的经验是建立一种履约监督机制，确保所有的承诺都得到逐项落实，如果无力履行承诺，也能够及时发现，及时与合同对方沟通，谋求补救方案。具体的做法，就是指定专人建立小数据库，详细列示会展公司对每家客户承诺的服务义务和回报事项。数据库主要数据项有"合同编号""客户名称""服务事项""特殊约定""约定执行时间""执行人""执行情况""执行档案""备注"等项目。监督专员浏览审视日常进展情况，按照约定执行时间提前告知执行人，执行完毕的事项可注销登记，没有完成或拖延完成的积极督办，特殊情况及时向有关高管报告，在备注栏注明处理结果（应保留证明履约的证明文件或音像资料）。实践证明，这种专员督查机制十分管用，基本杜绝了违约情形发生。

数据库的"执行档案"是指会展公司履约行为的文字资料和图片资料。文字资料是指会展公司为履约所发生的文件、会议纪要、相关报道、合同对方确认文件等文档；图片资料是指会展公司履约的行为图片资料。例如，承诺的宣传推广业务而制作的现场广告、网站抓拍图片、现场活动场景图片等。这部分内容也应以会展报告的形式回馈给客户。"执行档案"也是一旦出现合同争议的原始依据。

现在，许多国际化公司和正规企业十分重视会展活动的合同履约情况，有的公司会逐项检查合同中会展公司的承诺兑现情况。所以，对合同承诺事项进行精细化管理，不仅是会展公司规避法律风险的需要，也是会展公司规范化、专业化管理的体现。

会展现场

会展票务销售主要是指会展现场招徕观众的参观票销售推广工作。主要指B2C模式的公众会展观众参观票销售，也包括部分B2B模式专业会展的专业观众出席会展的票证销售。对于公众会展而言，票务销售收入是会展的主要收入来源。

目前，会展的票务销售主要采用票务公司代理、自我推销两种方式，销售形式主要是线上销售和线下销售两种情形。

一、票务公司代理。这种方式是指会展举办人委托专业票务公司全部或部分代理展会门票销售业务。有买断代理和总代理、普通代理三种方式。买断代理是指票务公司以洽商总额为基数全部垄断会展门票的销售业务；总代理是指会展举办人委托某家票务公司统筹会展门票销售业务，由票务公司制定市场销售方案并执行销售方案；普通代理是会展举办人委托多家票务公司或销售人同时开展门票销售业务。以上三种方式各有利弊，很难说哪种方式是最佳方式，需要会展举办人根据会展主题、会展吸引力、会展举办地票务公司影响力、当地消费习惯及会展举办人销售目标预期来具体决策。

二、自我销售。是指会展举办人成立门票销售部门，独立制定票务销售市场计划并执行计划来销售门票。这种方式也会与票务公司、销售代理人进行合作，也会独立进行其他渠道的门票推广销售。这种方式的优点在于销售任务明确，有工作压力，有票务销售的主动权和与会展举办人利益协调一致。缺点是：独立销售对销售队伍能力要求很高，如果能力不够或经验不足，就会达不到门票销售预期。

线上销售（网络销售）形式越来越重要，无论是票务公司代理还

韩美林艺术展请柬

是自我销售都离不开线上销售，最近兴起的网络团购方式对展会门票销售有明显的促进作用。线下销售是指直接的票金交易。现场销售是重要环节，根据经验，现场门票销售仍然占据总体门票的60%以上，门票销售人要在展会现场提供方便快捷的售票服务。

专业会展的入场证销售比较复杂。一些展会采用提前注册方式确认专业观众身份，一些展会还采用现场登记的方式确认身份；有的会展对专业观众免费入场；有的会展对专业观众收费或收取高额费用入场。其销售方式与普通观众的门票销售方式不同，一般要采用专业渠道或数据库甄别销售的方式。但不论采用何种方式，都要协调入场门票的价格政策，不要出现巨大的反差，容易出现价格混乱或倒卖利差。

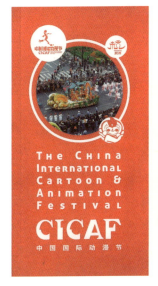

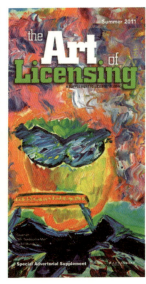

杭州国际动漫节海报　　　　西湖艺术博览会邀请函　　　　艺术授权展资料

第七十回　抵制给回扣

国内会展业在招商招展过程中，部分企业采取给参展商代表"回扣"的方式招展，尽管收效一时，但后果很严重，无异于饮鸩止渴。

招商招展如同销售，在销售中打折扣、代理商提成、销售业务人员奖励都是商业中常见的做法，但这些都与给采购人回扣有本质的不同。销售优惠与打折是企业明示的销售策略，是企业自我压缩获利空间把利益让渡给消费者，这符合商业道德和商业规则；代理商提成是委托人对被委托人的劳动承诺，给予的合理佣金，符合劳有所得的分配规则；销售奖励是企业对做出业绩贡献的员工按照激励原则给予的正向激励，这几种方式共同的特点是符合商业道德和在法律允许范畴内的。而给参展商代表个人回扣，是一种暗箱操作，见不得光，中饱私囊的违法行为，在法律上是贿赂行为或索贿行为，也是侵占他人财产行为。回扣与打折的最大不同之处在于受益人不同，打折的受益人是消费者或经销商、采购商；而回扣的受益人是消费者、经销商、采购商的个人经办人，是一种职务贪污、受贿行为。

回扣行为导致的结果很严重，对于参展商而言，损害了参展商的利益，没有得到应有的优惠；对于会展举办人而言，可能面临更大胃口的索贿要求，削减了利润空间，财务也需要做假账处理，而且面临行贿的犯罪风险；对于一时收益的回扣获得人而言，回扣是不义之财，要么是惴惴不安，要么是变本加厉，一发不可收拾，最终走向不归路，会严重影响个人信誉，难以长久立足社会。回扣的方式也是不正当竞争手段，在任何国家都是禁止的行为。

会展举办人正确的做法是把对参展商代表的"暗补"行为，转

艺术品展位

为"明补"。在会展举办人可以接收的范围内，给予参展商优惠的折扣或在展位、广告、服务等方面给予特殊的关照，把参展商代表个人的好处，转换为个人商务的业绩，也是对参展商代表的一种回报和支持。此外，会展举办人的招商招展业务部门也可以采用商务会议的形式，保持与参展商代表的良好情感沟通，这些都是商业道德允许的客户关系维护方式。

总之，回扣的做法，是一枚损人也难以利己的苦果，在实际工作中，有远见的会展举办人或规范的会展举办人都要旗帜鲜明地禁止这种做法。

指示标识

服务区

会展的服务

会展的服务是个广泛的概念，会展业本身就是服务业，所以，要把会展服务理解为纵深的连续服务过程。联系到具体会展，就分为展前服务、展中服务和展后服务，共同构成完整的会展服务过程。

展前服务，是指在展会进入会展场地之前，会展举办者为参展商和专业观众提供的会展筹备、展示准备服务工作。展前服务经常被会展公司理解为会展宣传推广和招商招展两项工作，其实这样的理解是片面的。展前服务包括展览宣传推广、协助参展商确定参展方案、充实会展官方网站内容、协助参展商和意向客户前期沟通、帮助参展商邀请目标观众、整理准确的参展商及专业观众会刊资料、协助客户预订酒店、代为保管参展商托运的参展物品、协助办理入境手续等服务项目。

展中服务，是指会展自搭建开始到会展闭幕撤展的集中性服务。包括办理搭建手续、确认领取参展证件及资料、协助参展商布展搭建、安排必要的交通工具、安排必要的临时仓库、安排休息区及茶歇区、设立商务中心及新闻中心、提供会展的最新信息、提供约定的特殊服务、提供必要的法律咨询服务、国际性会展需要提供翻译志愿者、设立咨询中心、提供清晰的展位方位图及路线指南、提供展览物品及展具的租借服务、提供必要的会展举办地商务及旅游服务信息、提供互联网及无线互联网使用环境、维持安静清洁的现场展览环境、提供必要的交通订票服务、提供展品出境的必要手续等等。

展后服务，是指展览结束后提供的后期宣传推广服务、展会报告、参展商建议回馈、部分展品委托运输服务、官方网站后续展示推

会展服务区

会展休息区

会展行李寄存服务

现场服务

广服务，参展商评估调查等相关服务项目。

会展服务往往决定了参展商及观众能否再次参与下届会展的意愿。无论一个会展多么关注服务，在会展举办过程中还会出现一些令展会参与者不满意的服务行为，但会展举办方不能以此理由来姑息自身服务的过失，要下决心坚持改进服务质量。糟糕的服务会导致展会参与者怨气冲天，往往会因服务的马虎导致展会难以为继。

长时间排队、环境嘈杂、秩序混乱、阻塞的交通、展品丢失、餐饮不便都会影响会展的服务质量，而会展举办方无理的强势及缺乏诚意的解决纠纷态度更会导致群体事件的发生，需要会展举办方特别注意。即使客观条件受限制，会展举办方谦和有礼的沟通及服务的热情和真诚的道歉态度，都是解决服务问题的良方。

越来越多的会展举办人开始关注会展的增值服务，增值服务是差异化竞争时代企业构建其竞争优势的重要手段。在美国休斯敦大学希尔顿管理学院捷安娜·阿博特和阿格尼斯·德弗兰科合著的《会展管理》一书中，两位作者将展览会"增值服务"定义为展览主办方为了达到"吸引回头客"的目的，而向参展商和参展观众提供的一系列附加服务。增值服务的目标有两个：创建客户关系和建立展商忠诚度。

在经济学研究中有一个三角关系市场理论：即每一个企业在市场竞争环境下都会形成"本企业、竞争企业、消费者"三者之间的三角关系，本企业与竞争企业获得消费者青睐的关键因素，就是谁能够为消费者提供更高的超值服务或增值服务。会展的基本功能是为客户提供交流、交易的平台，而会展的增值服务就是为参展商、观众提供促进交流交易服务和提供更好的参展体验。

对于会展公司来说，增值服务可以这样理解：就是通过一系列服

展位平面图

展会商务中心服务

务既可以为参展商、观众提供参展效率和效益，也可直接和间接为会展带来效益和形象。会展公司要意识到：伴随着我国对外开放力度的进一步加大，以及大量国际主办机构的涌入，未来展览会所提供增值服务的内容、品质及其创新元素，将直接影响到展会主办方的效益，甚至是存亡。

哪些服务是增值服务呢？可以这样回答这个问题：除了会展的展位、会议基本条件满足及会展组织工作外，提供的其他服务都可视为增值服务。但今天，会展业已把许多增值服务成为了必备服务，而把一些差异化的、别致的服务视为增值服务。比如，会展举办人不仅为会展招来观众，还要选择参展商及专业买家观众为其配对，以促进交易的成功率和效率；或不仅为参展商提供展览的服务还会为其安排旅游、娱乐等服务；或为参展商提供有价值的会议活动；或为观众提供深度体验满足等等。留住现有顾客，吸引新的客户，增强会展魅力是增值服务要达到的目的。

增值服务的提供固然好，但也要恰如其分地理解和运用，不同属性的会展有不同的增值服务手段，不是刻意模仿就能奏效的。同时，会展公司要注意提供增值服务的成本因素，如果需要大幅增加参展费用或门票费用、严重削减利润空间，就要慎重考虑增值服务是否提供或提供的限度。

作者在论坛现场

　　会展服务中有一个"鸡肋"属性的服务，就是会展代表抵达会展举办地后的接站服务。之所以用"鸡肋"来形容，就是说此项服务既有意义，又无太大意义。有意义是为会展代表提供了良好服务；无太大意义是指会展代表接站服务是会展的延伸服务项目，不提供此项服务，会展代表不会指责会展举办人，而提供了此项服务又很难做到人人满意，还可能导致第一印象丢分。

　　一些会展会承诺给予参会代表接站服务，这样简单的承诺，实际上为会展举办人增加了大量工作。因为来自各地的会展代表无法统一交通方式和抵达时间，特别是会展代表数量过多时，接站工作更是极其困难。因此，在国际会展操作中，除非是百人以下的专业会议，一

会展服务

般都采用代表自行前往会展报到地点的做法。这样做法的目的，并非仅仅是减少运营成本及工作量，更主要的是规避因服务不周带来的麻烦。这些麻烦主要有：(1)会展代表因接站标志不明显产生的烦躁；(2)先期抵达的代表因等候其他稍后抵达的代表时间差而心生不满；(3)因代表预定抵达时间延误致使原来的接站方案产生变化；(4)代表因手机关闭或手机因制式不同无法使用导致联系不上；(5)代表临时改变行程影响其他代表原定接送路线；(6)没有提前预约时间的接站服务需要全天候守候。2004年中国演出家协会在浙江台州举办交易会，因接站网点复杂，代表行程零散，导致费用超过预算两倍，许多代表还是自行乘出租车到达会展现场，抱怨连连。

接站工作比较稳妥的做法是：(1)不承诺接站，但提前在会展通知中明示各种交通方式抵达会展举办地的交通路线和乘车办法；(2)承诺接站，需要代表提前确认行程；(3)承诺接站，也要提前告知接站班车的准确发车时间，并尽量不做现场时间调整；(4)承诺接站，提前声明错过接站班车时间的代表需自行前往会展指定报到地点；(5)承诺接站，需要将接站网点的负责人手机电话号码提前告知给会展代表。

特殊情况下，会展举办人必须提供接站服务：(1)会展地点或会议代表下榻酒店地处偏僻、公共交通不便的情形；(2)会展举办人特殊邀请的嘉宾应给予礼遇接待的情形；(3)参与会展代表明确提出接站请求并征得会展举办人同意的情形。会展举办人对第一种情形要做周到的财务预算和人员安排（包括邀请志愿者参与服务）。

会展仓库服务

参展商邮箱服务

报到或代表身份确认是会展的基础服务环节，报到及身份确认是指会展代表首次签到或报到并领取会议资料、代表证的过程，这个环节看起来简单，但也是最容易产生问题的服务过程，关系到代表们对会展的第一印象，需要谨慎对待。

报到或代表身份确认过程最大的问题是：(1)服务窗口不够，引起秩序混乱；(2)手续过于繁琐，引起代表不满；(3)等候时间过长，缺乏补救措施；(4)代表下榻酒店质量或同房间人员安排不当引起争议；(5)前期会展举办人与代表沟通不够，导致接待能力失控；(6)个别会议代表脾气急躁，导致争吵。

结合国外会展经验，倡导采取预先登记注册，现场确认身份的报到方式。具体的做法是：首先，参展商或专业观众在开展前一个月完成网络、电子邮件、信函文件的报名。这样做的好处是提前预知参加会展人员数量，便于准确的会展准备工作。同时，有时间完整制作会

会展开幕式

会展开幕式主持人

签到服务

展名录和提供官方网站检索服务、完成费用催缴工作；其次，根据事先登记情况，现场制作或分发会展代表身份证件。由于已经有了完整的代表信息登记，现场只要代表出示身份证或护照，计算机就会快速打印出代表证件，需要照片，只要有现场数字相机，马上就可以完成证件制作，只要再发放会议资料，报到工作就会完成。唯一需要考虑的就是开放适量的确认窗口，避免代表时间等候。此外，安排特殊服务窗口，解决特殊问题。例如，一些非提前登记代表临时决定参加封闭式专业会展。视会展举办人的意愿来决定是否允许办理临时参展请求，或一些因信息登记错误而产生的争议问题等。

国内许多会展还做不到国际化会展管理水平，一些小规模的会展也无条件准备身份确认的设备，还存在集报名、缴费、发放资料、发放会议纪念品、安排食宿等复杂手续于报到一个环节的情形，这时要注意以下问题：(1)尽量简化报名缴费等手续，手续越简化，效率越高；(2)如果代表的种类、缴费标准不同，最好分开服务窗口，防止出现混乱；(3)现场指示标识清晰，便于代表自我识别；(4)最好不要现场发放纪念品，可以在会展资料中发放票证，另行领取，主要是防止现场堆积东西过多及报到者可能有旅行行李不方便；(5)现场提供休息等候区，预备热水机或矿泉水；(6)现场布置专人负责秩序维护和问题咨询，及时发现和解决问题；(7)视预计报到人数集中程度，备有多开报到窗口或服务台的能力，尽量防止出现代表超过30分钟等候的情形；(8)现场有高级管理人员负责，便于解决临时突发事项。

会展最理想的场馆就是集食宿、娱乐、展馆、会议于一体的综合会展中心，国外综合会展中心建设较早，最典型的综合会展中心模式就是拉斯维加斯的展馆，几乎所有的高档酒店都集购物、客房、博彩、演出、展馆于一身，国内像天津等城市的新建会展中心也多采用综合会展中心模式。但无论国内，还是国外，独立的展馆还是多数，而且很多展馆建立在城市中心外围，因此带来了难以回避的会展交通问题。

会展的城市交通问题不仅有会展中心远离市区而带来的观众参观交通不便问题，也有因参加展会的参展商代表居住不同酒店抵达会展中心不便的问题。例如，在欧洲一些小城市举办的国际性会展，会议代表只能居住在邻近的城市，无法都集中在会展举办地城市。会展交通的解决方式有：(1)通过政府行为来解决交通问题。政府在市政建设中，开辟到达会展中心的公共交通。如北京的新国展、东京的台场会展中心都有政府建设的公共交通。政府为会展场地开辟临时公共交通服务。例如，2008年北京奥运会期间，为了运动员、观众到达一些偏远的体育场馆，临时开设了多条公共交通路线并加大车辆投入。会展举办人遇到交通困难，只要是会展具备足够的影响力，就可寻求政府支持。多数情况下，政府会提供相应的帮助。(2)会展举办人市场化解决交通问题。即会展举办人无法得到会展举办地政府的支持，自己支付当地交通费用，为会展参与者提供交通服务。这有多种做法，有的提供摆渡车服务，即在指定的一处或多处交通枢纽及公共交通换乘站定点、定时提供到达会展场馆的摆渡车服务；有的提供会展代表指定下榻酒店直达会展场馆的班车服务。这两种方式可以兼用，特别是B2B、B2C兼顾的会展，几乎都是班车与摆渡车兼备的解决方案。

无论提供怎样的会展交通服务，都需要注意两点：(1)广而告之。公告的作用不仅在于让想参加会展的人了解交通服务细节，也可以引起潜在观众的注意，可能激发去参与展会的动机。交通时刻表要放置在会议代表下榻酒店的大堂或会议代表用餐的餐厅醒目处，在会展场馆的停车场也要有交通线路图和时刻表；(2)合理安排交通线路和发车的密度。一般情况下，每天的开展前及闭展后要加大班车车辆调度的密度，其他时间拉长发车的间隔，摆渡车的密度也可随机调整。

会展交通时刻表

班车时刻表

班车等候点

班车时刻表

第七十六回

情感的沟通

　　会展是一种体验营销，也是一种关系营销。如果能给参展商及观众留下深刻而难忘的会展经历，就容易形成稳定的客户关系。何谓深刻而难忘的体验，对于会展而言，气势恢宏的展馆，绚丽多彩的展示，周到而贴心的服务、获得荣誉和利益的成果、朋友间的交流和友谊、会展城市风土人情等都是深刻体验的组成部分。这里重点说说会展举办人与会展参与者情感的交流。

　　会展是一个服务平台，会展举办人给客户规范的服务是重要的，但给客户留下深刻印象的往往不是规范的服务，而是带有人性化的情感交流。迪士尼乐园可谓是服务业标杆，其服务理念已经成为服务业的共识，就是让客户满意。但迪斯尼乐园所倡导的服务，是如何满足客人发自内心的满意，这才是迪士尼服务精神的核心秘密，也就是让服务温暖客人的内心，打动客人内心的最柔软情感。

　　2012年9月底，我承办首届中国艺术品产业博览会，正逢中国的传统节日中秋节，来自各地的参展商无法和家人团聚，我们在展场给所有的参展商工作人员送去了月饼，晚上在天安门东侧的皇城艺术馆为参展商代表举办了中秋酒会。这些行为都加大了会展成本，但赢得了所有参展商工作人员的情感认同，酒会氛围热烈，大家都成为好朋友。每年我们举办的中国国际网络文化博览会都会给每个参展商提供免费的矿泉水，虽然多了点成本，但恰恰是客户最需要的东西，客户都会有感激之情。在迪士尼乐园，由于语言不通，我问路于园区的清洁工，通过导览图，她明白了我的意思，她立即放下清洁工具，把我们一直带到要去的景点。这种服务就超过了我的意料，但也正因为如

休息区

此，我才真正体会到情感服务的作用。

许多规定程序的服务或制式服务，可以保证客人对企业的整体印象，但不会触动顾客情感，因为制式化服务我们会认为理所当然，只有那些真正为顾客着想，超出顾客意料之外的服务，才会让顾客感到与众不同而留下深刻体验经历。

会展业是服务业，在会展服务管理上要求员工做到礼貌服务相对容易，但做到急顾客之所急，想顾客之所想就不容易，而做到顾客自己都想不到的服务，才是最不容易的。因为这要求服务团队：不仅有形式上的服务，还要有思想、有精神内涵的服务。

会展服务区

会展网络服务区

法律咨询服务

　　既然服务对会展业是如此的重要，那么为什么还要提到服务的限度呢？这是因为一些服务超出了会展举办人的承受能力和可能引发服务风险，因此，对以下几类服务要限定服务条件或明确说明理由拒绝。

　　一、导致工作量大幅增加的服务。会展举办人会在招商招展手册明确承诺服务项目，这些承诺的服务项目是不惜代价要兑现的。但是，一些参展商可能会提出额外的协助服务请求，如果会展举办人能够不花费太多精力就可以帮助的，就应该尽可能协助办理。如果参展商提出会展举办人需要花费大量精力帮助的事项，会展举办人就要拒绝或协助参展商对接第三方办理。比如，外地参展商要提前邮寄会展用的宣传资料请会展举办人代为接收和保管，这样的事情，会展举办人就不应该拒绝；如果参展商希望会展举办人代为设计和搭建展位，会展举办人就不能包揽下来，即使参展商支付费用，会展举办人也要拒绝，可以代为推荐展览搭建服务公司，让参展商与搭建公司具体洽谈委托业务。因为，展位设计与方案确认及修改需要长时间反复，还可能出现参展商不满意的结局。会展举办人应该集中精力做好份内的事情，不能分散精力和人员去做份外的业务。

　　二、超出会展举办人能力范围的服务。是指参展商会提出一些会展举办人即使努力也难以确保做到的事项，会展举办人就不能承诺或含糊答应。例如，参展商提出会展期间请会展举办人保证行业主管政府官员接见参展企业负责人，对这样的请求，会展举办人就要十分慎重，如果没有十足的把握，就不能承诺。再如，赞助人提出请会展举

艺术品展会

办人把赞助企业产品必须摆放在所有参展商的展位中，这样的请求也超出会展举办人的协调能力，也不能答应。

三、导致服务成本超出预算的事项。一些参展商或赞助商会提出一些令会展举办人需要付出额外服务成本的请求，会展举办人必须让对方支付费用。例如，参展商参加展览，提出请会展举办人在会展现场提供显著广告位，会展举办人就要根据可能及成本另行签署协议，由参展商支付额外费用。

四、可能引发风险的额外服务事项。是指参展商提出协助服务的项目看起来简单，却可能出现意外风险的事项，会展举办人要提醒会展团队每一位成员引起重视，必须限定条件再提供帮忙。例如，珠宝展或艺术品展览的参展商委托会展举办人或会展举办人的员工代为保管或邮寄展品，就必须签订免责协议后再帮忙。

设定服务局限，就是防止好心办坏事或好心难办好事。

第七十八回

会刊的制作

正式的会展都会有一本会刊，会刊是展会信息的集成者，既是会议的指南，也是参与者的推广方式；既是展会现场有关情况的信息披露，也是会展结束后展会延期效益的工具，所以，会刊的制作很重要，甚至一些观众会专门付款购买会刊。

展会会刊应披露的内容大体包括三项：一是会展基本情况介绍；二是参展商名录及业务介绍；三是广告商务推介。

一、会展基本情况介绍。包括：(1)展会整体介绍。主要是展会的沿革、举办方、会展组织及本届展会的主要特色、展会的领域内地位、本届展会的时间地点；(2)展会主要活动及日程。包括展会的现场具体日程、仪式、活动、会议等时间地点，活动出席的主要演讲人、报告人简介、会议日程明细等；(3)展会平面图及交通图。把会展要使

中国诚信画廊巡回展

中国艺术产业论坛会刊

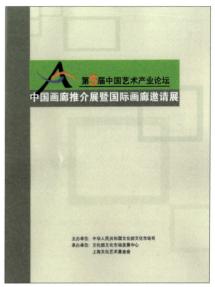

义乌文化产品交易会会刊　　　　　　　中国艺术产业论坛招商资料

用的现场、会场、宾馆的相关图示清晰印制在会刊中，并加上明确的注释；(4)展会热点、亮点的特殊介绍。把展会的创新之处、特色之处在内容部分明显列示；(5)展会服务介绍（生活、设备、器械、交通、票务、翻译等）。还包括展会的新闻中心、官方网站、会展举办人联系方式等。会展公告、会展通知等内容也需要在会刊中列示。

二、参展商名录及业务介绍。国内举办的展会主要介绍参展商企业，国外一些专业展会对所有的注册专业观众也逐一介绍。对有特殊要求的参展商或按照招商招展回报条件承诺独立刊登信息的客户要有区别列示。列示的信息主要有参展人名称、地址、主要业务范围、联系方式及参展人网站等信息。

三、广告商务推介。会刊也是招商回报的主要方式之一，对于相关的会展支持方、支持媒体、合作伙伴都需要在会刊中披露。此外，会展服务中的旅游合作方、食宿合作方、购物合作方等商务合作伙伴信息也需要在会刊中披露信息。与会展主题截然不同的商务广告也要避免列入会刊之中。

会刊所涉及的信息量庞大，需要信息准确，信息核对工作量很大，会刊的广告页设计也需要和客户协商。因此，各种信息收集的时间截止日要至少提前一个月。会展举办人的工作人员要认真审阅每一份业务合同，避免遗漏承诺给客户并约定好的披露信息。

会刊印制量要控制在适当范围，除了保证相关会展参与人发放之外，不宜多印，会刊最好采用定价出售方式，防止有价值的信息无偿扩散。

　　会展举办人对客户的服务有一个误区，就是招商招展业务人员倍加重视和客户签订参展合同前的沟通服务，展览完成后就完事大吉了，不再或很少提供展后的服务。这种做法是极大的失误，很容易引起参展商抱怨，以致不再对参展有热情。

　　展后有哪些服务呢？

　　一、会展招商招展部门工作人员要坚持到参展商撤展完成。只要参展客户代表在展会现场，招商招展人员就应陪伴左右，甚至客户代表不在现场，招商招展人员也要把自己客户撤展完成情况及时通告客户。个别情况下要主动协助客户代办后续事宜。这样做的好处是：不仅体现会展企业的高度责任心，也避免出现撤展时的混乱局面，展会的撤展如果疏于管理，就会出现"兵败如山倒"的混乱态势，极其容易发生安全事故和财产丢失问题。需要提醒的是，艺术品类、珠宝类及奢侈品类展会，会展公司尽量避免代为撤展，许多物品价值昂贵，如果没有履行严格的交接手续并准备好保管方案，不宜代理撤展。

　　二、展览完成一周后，会展公司要寄发感谢函。感谢函要简洁描述展览举办的情况，感谢参展商对会展的支持，并诚挚希望继续合作的愿望。各个参展商的感谢函由招商招展人员分别起草，会展企业董事长或总经理亲自签名后发出，不要以统一印刷格式印发，体现用心和对客户的尊重。也可以用扫描后的ＰＤＦ文件形式发邮件。发函时，招商招展人员应打电话告知参展企业业务代表，口头表示感谢。

　　三、在会展完成后一个月左右，会展公司应把对外公开的会展报告、会展特刊及媒体报道情况整理为正式文件寄发给参展客户，如有参展企业的专题报道或展况照片（包括会展重要照片）做成简报的形式寄发给客户。此外，注意会展官方网站的后续跟踪报道，有能力的情况下，要对每个参展客户做专题总结新闻。一些会展在展后还有网络展示的承诺，都要认真落实。

还有一个很好的做法，就是对重要客户进行展后回访。对客户集中的城市，进行答谢回访活动，小型酒会或商务宴请，加深与参展客户代表友谊，持续做良好沟通。另文提到功夫在平时，就是在展会结束到新的展会正式招商招展工作启动期间，要经常保持联系和沟通，而展后服务就是其中很重要的工作。

上海品牌授权展

会展的展示方式

会展的展示方式

会展日刊头版报道中国动漫游戏展团开幕式盛况

展场的管理

　　会展开幕前，会展举办人需要对参加展会的工作人员进行一次全面的现场服务培训。这场培训不仅仅只是针对志愿者，应该包括所有的现场工作人员，其作用是充分进行展场信息共享，明确现场指挥体系，同时提出工作纪律和要求。

　　现场服务培训的主要内容有四个部分。

　　一、介绍博览会情况：让所有工作人员了解博览会日程、流程。主要介绍展会现场的展览区域划分、现场活动、现场会议、现场仪式的具体日程。还包括会展现场的各种服务区域所能够提供的服务项目。

　　二、介绍岗位分工情况。宣布每个区域、每个项目的服务组人员及各项工作的现场负责人。并清晰描述岗位职责。注意介绍各个服务组之间的关联性和配合要求。如果出现展览、活动、会议不在同一场地的情况，要明确各场地的总协调人。明确与会展中心场馆的具体负责人联系方式，所有与场馆发生的现场问题解决路径，由具体负责人专项对接，避免出现对接混乱，不仅不易解决问题，还可能出现成本大幅增加；会展举办人要指定新闻发言人，统一接受媒体采访，杜绝工作人员任意接待媒体，避免出现信息混乱；在会展现场明确现场指挥部，要有至少两人坐镇指挥部，及时处理现场问题。

　　三、纠纷及风险解决机制。明确告知会展现场各种可能出现的风险及针对风险所准备的应急方案；明确告知现场出现纠纷时，每个岗位的解决权限，解决不了的上报路径，强调解决风险和纠纷的原则是：第一时间解决。争取在最短的时间解决，避免事态扩大。

四、服务纪律要求。(1)着装整齐，精神振奋；(2)遵守时间，坚守岗位；(3)大局意识，团结互助；(4)化解纠纷，主动补台；(5)热情主动，不卑不亢；(6)戒骄戒躁，处理果断；(7)清晰权限，及时沟通；(8)防止推诿，保证落实；(9)换位思考，优质服务；(10)眼勤腿勤，解决问题；(11)了解业务，了解全局；(12)安全意识，爱护财产；(13)不畏辛苦，承担责任；(14)佩戴证件，文明礼貌；(15)听从指挥，树立形象。

除了现场服务培训会之外，会展期间，每天会展闭馆后要召开各服务组负责人现场碰头会，各组汇报情况，反映突出问题，便于及时整改和人员力量协调，新闻发言人也要参加会议，及时了解各方面信息。

慈善艺术展览

儿童艺术展

会展的互动活动

展馆内饮品点

一个人到了一个陌生环境，最希望看到清晰的指示标识，宾馆、机场、火车站、商场、游乐场、公园等公共场所现在服务指南标识越来越完善了，高速公路的各种规则和服务设施的标识也越来越清晰了，这是成熟社区的体现。但是会展业标识的应用情况却是良莠不齐，特别是国内的一些会展，往往会忽略标识的应用，带给会展参与者诸多不便。

会展的LOGO可谓是会展的最重要标识，不仅代表会展的信息，也是会展相关标识的统领者。我参加戛纳国际音乐节，会展主办方对标识的应用给我留下深刻的印象，尽管有语言障碍，但是形象而鲜明的标识基本保证了参观者了解所需要了解的事项，进而也省去了会展举办方的人力资源，使得展会有序进行。

会展标识的应用主要在五个方面：

一、是会展参与者的证件识别。会展的举办方、参展商、志愿者、搭建方与专业观众必须佩带有清晰会展LOGO的证件，这不仅是会展出入管理的标识，也是佩戴者身份识别的需要。在LOGO的统筹下，可以分出挂牌的颜色以区分不同的身份，便于会场内外所有人能够第一时间了解挂牌（参展证）佩戴者的分工和权限。但需要注意不要过于细分，避免造成识别混乱。一般有主办方工作人员证件、搭建人员证件、参展商证件、专业观众证件及特邀嘉宾证件即可。挂牌的正确使用犹如部队官兵的肩章，但不是显现职务的高低，主要是明示证件佩戴者在会展现场的角色不同。

二、是会展展位指南。会展举办方，不仅要以会展指南或会展手

会展形象设计

会展指示牌

册的方式告知与会者展位的地理信息，还要在会展现场公告清晰的会展展位图，最好能在会展的每一处交叉路口有明确的展位信息提示。会展入口处要有公告牌，路口处可以以简单的指示牌提示。

三、是会议秩序指南。会展界的经验提示：尽管会展举办方会以会展手册的方式传递会展全部信息，但多数会展参与者都不会仔细阅读，还是需要现场多有提示。根据我的经验，最好的方式是：不仅现场要有会场全部日程的公示牌，最好还能够在代表佩戴的参展证背面公示简明的日程信息及咨询电话。方便参会人员第一时间能够了解需要的日程、地点信息。

四、是服务标识。成熟的会展的重要标志是会展服务的完善。有些会展举办者为参会人员预备了完善的服务，但因现场缺少明显的服务标识，也会造成服务不佳的印象。有条件的会展场地可以开辟专门的服务区，提供集中服务。

五、是关联标识。关联标识是指会展参与者在会展举办地的宾馆、餐厅、机场、车站等场所能够对会展信息识别与了解。

搭建的管理是指会展公司参展商及主场搭建商在限定的时间里完成展览会场展位搭建和现场装置的过程。搭建的管理主要有搭建的进场管理、施工安全管理、现场协调管理及展具租借管理四个部分。

一、搭建进场管理。是指会展举办人组织参展商及搭建人员正式进入展馆开始搭建的过程。会展举办人根据前期与参展商的时间、人员的确认，在展场发放进场工作证件及搭建注意事项。部分证件可以提前发放，比如停车证等，管理严格的会展，需要参展商提前递交搭建方案进行审核。进场管理人员要按照参展商名录对照并及时提醒迟到的参展商进场搭建，全面掌握搭建进度。

二、施工安全管理。是指会展举办人在搭建过程中督查安全施工行为。搭建安全要求已经随入场手续或《参展指南》发放给参展商，还要现场检查搭建展台的高度限制、展台的结构安全、搭建材料的防火要求、用电线路安全、用火或电气焊安全、搭建秩序安全等现场可能出现的违反安全作业行为。

三、现场协调管理。是指会展举办人协调场馆业务部门、参展商、搭建商在器材运输、防火通道预留、搭建超时加班、用电、网络接入、清洁卫生等诸多协调事务。此项工作可与施工安全管理合并作业，确保在预定的时间内完成搭建工作。2010年在日本东京国际动漫艺术节的搭建过程中，会展公司采用合理的停车区域划分，每家参展商的运输车辆都能到达离自己展位最近的区域停车，可见协调工作的用心。

四、展具租借。一般情况下，会展举办人应提前确定展具租借商

会展搭建布展

并及时告知参展商。展具租借会根据参展商预定租借展具数量提供到搭建现场。有经验的展具租借提供商会多带到现场一些常用展具，并提供扶梯、电动工具、作业工具供现场租借使用。

国际化会展还要提供海关通关、短途运输及海陆空运输邮寄过来的展商器材保管等搭建关联的服务，这些服务一般由客户自主选择，会展举办人只提供配合服务。比如在一些国际会展中，会展举办人会配合运输邮寄公司将客户邮件预先放置到预定的展位上，展览结束后配合处理展具等。

搭建管理虽然不是会展工作的关键业务环节，但关系到会展能否顺利按时开幕，也关系到展会的安全风险，所以，还要引起会展公司的足够重视。

展会现场接待处

第八十三回　售卖需谨慎

　　许多企业或观众对会展业只是有一个大体的概念，多数人认为会展是可以售卖展品的。其实，这种印象并不完全正确，只能说部分会展是对观众零售展品的，多数会展只对专业组织开展合同交易业务，不会向普通观众发售展品。

　　商品贸易类展会也有订货会和现场交易会之分，订货会以经销商签订贸易合同为主，极少做现场零售；而现场交易会，多数以现场促销为主，兼做批发销售业务。例如，某钢琴企业组织的订货会，其邀请的观众就是专业观众，其身份主要是有钢琴交易业务的经销商，这种会展一般不会对社会普通观众开放，也不会零售展品。某琴行举办钢琴促销会，则主要面向终端消费者，零售业务就是主要销售行为。每年的汽车展，前面的展期主要面向经销商等专业观众；后面的展期会向普通观众开放，普通观众也可以订购车辆，甚至购买现场样车。但总的说来，现代展会应该把订货与零售划分清晰界限。

　　对于会展举办人，不仅要把会展规则制定清楚，还要关注现场售卖的利弊得失。现场售卖业务，最大的好处是聚拢人气，无论是对一些参展商，还是对普通观众，都有参与展会的热情。参展商把展会作为促销产品的良机，观众认为会展是选择产品的场所，而且还有可能享受价格优惠。物美价廉是普通观众对贸易类展会的惯性印象。现场售卖的弊端主要是可能引起展会局面失控，现场管理压力加大，还可能出现现场交易纠纷。

　　如果会展举办人决定举办现场售卖形式的会展，就要注意以下事项：(1)提前办理会展售卖的工商手续。按照国内工商管理规定，销售

售卖型展会

类展会要办理指定的手续并取得许可；非销售类展会有销售发生的，一些地方政府规定，也需要对展会现场零售业务提前报备手续，接受工商部门指导，参与销售的展商要提供相应的文件资料；(2)与拟租场馆沟通，需要场馆配合；(3)特殊产品及管控产品需要获得相关许可销售手续，如电子游戏机、食品销售等；(4)监督参与销售展商提供售后服务保证，对会展举办人进行售后免责保护；(5)科学划分专业订货交易和公众零售展期；(6)组织现场巡检人员，维护展场秩序。

　　如果不能清晰划分专业观众与普通观众展期，最好采用销售专区的做法，在指定区域或专门的展厅举办售卖业务，避免影响整个展场环境，波及不做售卖的展商展示秩序。专业性会展最好回避现场零售业务，否则容易影响会展的专业品牌形象。如果专业会展变成了大卖场，有价值的客户会放弃这样的会展。

第八十四回　应急有预案

　　展览之前，国内会展举办地政府的公安部门会召集安全协调会，公安、消防、食品卫生、会展场馆、会展举办人会一起协商会展的安全防范事宜，尽管有多方督促和协调，但国内对公众展会活动奉行的政策是"谁主办，谁负责"的原则，会展举办人要对安全问题引起足够重视，应该做好应急预案。

　　为确保展览期间人员及展品安全，应急预案主要包括以下内容：

　　一、展品安全。对展品安全主要注意：(1)自展览搭建开始，实行管制进场办法，必须佩带证件才能进场工作；(2)物品寄存服务。所有参观者须寄存所携带物品，方可入场；(3)展品出门及入门登记。需组织者及参展商核审过的手续方能进出展馆；(4)每天早晚巡场确认展品安全制度。组织者及安保人员，每天早晚巡查与展商确认展品安全后，才能开馆和闭馆；(5)展场严禁用明火及非允许使用的电器；(6)发放展商服务手册，重点进行安全教育；(7)签订责任合同及展览合同，

会展现场

入场代表身份确认

明确责任。

二、搭建安全。主要事项有：(1)所有搭建商必须有资质证明，电工必须有上岗证书；(2)签订搭建合同协议书，明确责任；(3)对特装展位必须按图纸搭建，不经批准不得使用重型电动工具；(4)搭建现场严禁吸烟；(5)安保人员全程监督施工；(6)不许堵塞防火通道和堆放易燃物品，保持防火门及正门畅通；(7)每天闭馆后关闭总电闸。

三、展馆消防安全。主要注意：(1)施工期间对电线、电路、电闸进行安全检查，确保用电安全；(2)主通道及正门均在四米以上，保证消防车通道畅通；(3)配备救火器材，对展商明示，便于及时应变；(4)防火门保持畅通，保证展馆内部可以随时开启，并指定安保人员全天候坚守；(5)预留户外比较开阔场地，确保及时疏散人群；(6)确认展馆方监控及消防报警设备正常运行并与公安部门联网。

四、保险措施。对活动及展馆预上保险。对展品安全和意外伤害上临时保险，确保出现意外时能及时补偿。对小件展品以带锁展柜展出，每天由参展人携带管理。

此外，成立应急事件处理组，明确总负责人。全部安保人员、工作人员24小时开通手机，配备对讲机，及时应对突发事件。需要提醒的是：会展举办者一定不要把应急预案当作被动工作应付，应该有积极的主观意识来对待并且把应急预案做实。

无论是多么圆满的会展，都不可能十全十美，都可能出现不同程度的纰漏或矛盾。对会展的评估不是要求不能出问题，而是尽量不要出现大问题，并在出问题的情况下及时处理问题，避免任由问题发展，直到不可控的局面。这里所说的问题是指会展举办人与客户出现的纠纷或突发事件。

在会展过程中，参展商、观众、会展举办人的工作人员、会展场地管理人员很容易产生各种各样的矛盾，比如，参展商对展位位置不满意、相邻参展商之间彼此妨碍、场馆管理人员督导管理、参展商抱怨会展举办人工作程序或观众态度、参展商呵斥观众乱动展品、甚至参展商争抢客户、参展商的音箱声音过大等等都可能引发纠纷。纠纷如果不能得到及时化解，就会引发围观或现场秩序混乱。处理这些纠纷的原则就是最快的时间内及时制止或处理。在现场服务中，会展举办人的团队要有清晰的纠纷处理机制，及时发现纠纷，思维清楚地解决纠纷。比较有效的做法是：会展举办人团队要在会展各区域随时有巡视人员，发现问题及时制止和劝说，如果发现不好解决，第一时间报告展场负责人到场解决，不允许事态扩大。如果纠纷问题严重，及时启动应急预案。

会展现场的突发事件也时有发生，比如，参展商或观众现场出现身体不适、展会现场因拥挤出现观众损伤、展位搭建出现坍塌、户外展示突遇暴雨、现场停电、局部出现火警、现场观众财物丢失等，这些情况出现，就显示应急预案或风险预案的重要性，就是能够在第一时间比较稳妥地处理突发事件。很多会展举办人不愿意为应急方案或风险预案做扎实准备，一旦出现问题，就惊慌失措，会错失有效的补救时间。风险及突发事件是任何人都不愿看到的，但谁也保证不了风险不会发生，应急方案和风险预案最大的作用就是及时做出反应，在第一时间里把风险损失、风险影响缩致最小化。在日本，几乎所有的演唱会都会有救护车候场；在美国，许多场馆都有轮椅和自愿者给年龄大或身体弱的观众备用，这些措施可能加大了会展成本，但一旦发生问题不能及时得到解决，就会大大影响会展形象，预案所支付的成本会体现出巨大的价值。

在相对成熟的展会运营中，都会提供观众免费休息区或医护站，这些都是为保障观众身体健康采取的必要举措。中国有句成语叫"有备无患"，讲的道理就是及时解决燃眉之急。

会展现场协调会议

观众入场情景

会展现场

第八十六回　活动宜少精

　　许多会展都会举办一些主题活动，主题活动与会展相互呼应，既扩展了展会影响，也吸引更多的人参与会展中来，也能够为会展公司带来社会效益和经济效益。主题活动如果举办得成功，会与会展形成良好互动、相得益彰的效果。

　　尽管主题活动是会展的助力，但要适当控制主题活动的数量，避免出现活动过多过滥，冲击会展，甚至影响会展形象。

　　活动过多容易带来的问题有：(1)难以控制主题活动质量。会展公司没有太多的人力联系或组织所有活动，贪多嚼不烂，顾此失彼，影响会展整体质量；(2)监管不力。许多主题活动需要合作方共同参与，一些合作人信用不好，借势谋取利益为主，会引发活动纠纷；(3)喧宾夺主。即使所有的主题活动都很精彩，活动过多就会冲击会展本身的影响。

　　会展活动一般有现场活动和展前活动之分，展前活动的好处是对会展宣传推广有力。由于主题活动有广泛的活动宣传推广过程，会强化展会宣传力度，引起公众对会展的关注；现场活动的好处是活跃展会现场氛围，聚拢现场人气。所以，适当举办主题活动对会展有推波助澜的作用。

　　举办会展主题活动需要注意的事项是：

　　一、活动主题紧扣会展宗旨。特别是会展前期主题活动一定在内容上呼应会展宗旨，避免出现风马牛不相及的会展活动。如果是公众会展，现场活动可以适当安排活跃现场气氛的娱乐性活动。

　　二、考虑活动与会展的契合关系。既然是会展的主题活动，最好

展区活动   比赛活动

活动与会展现场有契合关系，或者是会展现场公布活动成果，或者是现场颁奖、现场决赛、现场展示等，这样的主题活动对会展才有助力作用。

三、考虑主次关系。评估主题活动在展会中的影响，避免喧宾夺主。主题活动只是会展的构成部分，不能过分渲染活动影响而导致会展黯然失色。

四、控制主题活动的主导权。会展举办人对活动方案、活动宣传、活动执行、活动结果都要有控制力和监督力。防止主题活动失控，进而损害会展形象。

不是所有的会展都一定安排主题活动，主题活动比较适合B2C模式的公众展会，专业展会与公众展会结合模式的会展，也可以安排主题活动。封闭性会展不适宜安排过于喧嚣的主题活动。

　　本文所指活动控制力主要指国内会展业中会展公司与活动合作伙伴之间的管理关系，会展公司应保持主题活动的业务方向主导权和活动过程的监督权及制约能力。

　　会展业务自始至终离不开各方面的配合，会展也是一个资源整合的平台，会展举办人通过会展的举办，充分调动参与者的积极性，共同构筑了会展的平台价值。所以，会展过程中最普遍的事情就是合作和协作。但合作伙伴各自的合作目的是不同的，有的是借势搭建自己的小平台，有的是通过会展取得活动的权威性和信誉，有的是通过会展扩展活动影响，有的是浑水摸鱼，谋取不正当利益，同床异梦的合作伙伴也不少见，不能仅依靠直觉来判断合作活动的效果，必须建立相应的机制来保证会展举办人对各种合作活动的控制力。

　　控制机制包括法律手段和经济手段两种基本方式。

　　一、法律手段。是指以合同形式明确会展举办方对合作方的控制

签约仪式

中日动漫论坛

2010 中英动漫论坛

权限。会展举办人与合作方做任何活动的合作，都必须以合同方式确认，不允许以口头或书面意向方式含混地同意合作方举办与展会相关的活动。合作合同或协议书就控制力方面应达成以下几点共识：(1)明确会展举办人的活动主导权；(2)明确有会展举办人参与的活动组织机构；(3)明确会展举办人对新闻宣传的审议签发权；(4)明确会展举办人对合作方需求的第三方合作的协商权限，就是会展举办人能够明确提出第三方合作人不适宜参与活动理由时，活动合作方应尊重会展举办人意见；(5)明确会展举办人对合作方签署的与活动相关协议的知情权和反对权；(6)明确合作项目财务收支的控制权，比如，账号的归属、开支的程序、财务成果分配等条款；(7)明确对合作方关于合作范围的限定事项。此外，针对具体合作项目会展举办人应明确地特殊约定事项及会展举办人的免责事项。

二、经济手段。是指约定活动风险质押金。如果出现违约或合作方不作为、半途而废情形时，会展举办人不予退还相应的质押金。此外，按照合同约定的合作项目财务管理条款，会展举办人也可以进行活动过程中的管理制约。

尽管有法律手段及经济手段保证会展举办人对合作项目的控制力，但会展举办人要清楚，保有控制力的目的不是设置刁难障碍，还是为了保证合作项目的成功举办。所以，会展举办人最好能委派专人参与合作项目，便于及时发现问题，解决问题。不能认为有了合同，有了质押金就放手不管，不闻不问，真正出了问题，损害的还是会展形象。

　　会展的开幕式是会展现场活动的最重要仪式，特别是在国内，开幕式几乎关系到会展的成功与否，这可能与国内会展的格局有关。国内的会展几乎都看得见政府的影子，开幕式上，政府官员、重要嘉宾济济一堂，最好不要出现漏洞或失误，因此，开幕式显得格外重要。

　　开幕式的工作有几个重要环节，嘉宾邀请及接待、现场环境布置及氛围营造和仪式议程顺利执行。这些环节无疑会引起会展举办人的高度重视，往往不会出大的失误，而失误往往出现在一些细微环节上，这些细节有可能导致开幕式出现负面评价。

　　一、嘉宾邀请及接待细节。必须确认邀请函及车证送达，并确认嘉宾能否出席仪式；重要嘉宾应指定专人接待和陪同；如果嘉宾佩戴嘉宾胸花应考虑使用磁石或活夹式胸花，尽量避免别针式胸花；如有嘉宾指定站位，需以定位方式明示给重要嘉宾；如一般嘉宾不能享用贵宾室，应委婉告知并预留临时休息座椅；避免嘉宾在仪式开始前领取资料或礼品；妥善安置嘉宾随行人员；指定专人管理并预留嘉宾停车位等。

　　二、现场环境布置及氛围营造细节。认真检查所有的现场文字及图片的准确性；考虑新闻媒体摄影的构图完整及便利；避免摆放过高的绿植花草；考虑嘉宾上下台路线方便；防止焰火或彩弹礼花对嘉宾的影响；调控音响、音乐音量；讲话话筒认真试音并可随时调整高度；如在户外举办仪式，考虑遮雨、遮阳预案，或预备室内备用场地；如临时搭建舞台需认真检查台子的安全性；所有电线或可能构成行走障碍的设施应做平面化处理等。

中日动漫论坛

会展开幕式

展区活动

　　三、仪式议程细节。主持人应反复熟悉主持词；仪式开始前最后核对需要宣布的嘉宾是否按时出席；主持人应确认所有的嘉宾姓名准确读音及性别；如有双语或同声传译需要先有适度沟通；要求主持人尽量按照主持词宣读，避免主持人随意发挥；如有剪彩或特别需要搬运的礼仪设备道具，需要预演流程并考虑方便性；如出现意外，主持人应有随机应变补救能力；开幕式尽量简短，避免嘉宾在台上站立过长时间；如有老人应指定工作人员搀扶；工作人员或礼仪人员事先熟悉嘉宾行走路线和嘉宾站立方位等。

　　会展举办人应对开幕式的细节流程认真进行预演，及时发现问题和提前纠正漏洞。

会展自然既包括会议，也包括展览。会议既可以是会展活动的一个部分，也可以独立举办，在会展业历来就有"以展带会"或"以会带展"的说法，这里讨论的会议主要是指市场化组织的会议，以区别正常在组织内部举行的各种各样例常会议。

为什么要组织会议，这是一个看起来简单、回答起来需要认真思考的问题。在很多会展业教科书里都提到，博览会的内容由展览、活动及会议组成。那么，是不是每一个展览都需要组织会议？例如，每年北京农展馆都会举办面向北京市民的农产品交易会，这样的会展一定需要开一个论坛吗？再如，在公园里举办嘉年华活动，也需要开一个研讨会吗？看起来好笑的问题，在现实中并不好笑，几乎所有的会展活动都莫名其妙地搭配一些不痛不痒的会议，其实，实在是没有必要。之所以开会，就一定要有开会的理由。

我在会展的组织过程中，因为多数会展的主办方都是政府，经常就会接到政府官员的指示，一定要做个高峰论坛。我们按照指示就要做出高峰论坛的方案，领导看完方案又说，拟邀请的演讲嘉宾不够有名，要找名人来讲；嘉宾职务不高，要请高官来讲。这是国内一些空洞的论坛共同的毛病，许多内容空洞、言而无义、华而不实、不着边际的会议论坛有泛滥的趋势，行业名人、大学教授、主管领导都成为这些论坛的招商噱头，这些人的言论看看互联网就知道一个大概了。一些名人几年都不换演讲稿，这样的论坛、会议不办也罢。

我认为以下几类会议还是应该举办的：(1)契合会展主题，引领主题所涉及领域的趋势或风向标的会议；(2)经验共享、技术共享、思想

政府对产业的扶持

2010东京动漫展会议

会议场景

2010中英动漫论坛

共享的会议；(3)对市场推广有价值的会议；(4)企业的新产品、新业务的说明会；(5)行业协调利益或自律的会议；(6)对社会公众意志与行业利益协调的会议。

　　会展举办人在组织会议时，只需要问几个问题就可以判定是否需要组织一个会议。第一个问题是：组织这个会议对会展举办人、参展商的利益有好处吗？第二个问题是：公众或会议代表对会议内容感兴趣吗？会获得收益吗？第三个问题是会议的主题值得目前开会讨论吗？如果答案都是肯定的，就可以去组织这个会议；如果答案很勉强就应该慎重考虑是不是必须组织这个会议。

　　会议筹备主要的问题就是主题的选择及会议形式的选择。而会议
主题的选择是核心问题。下面以两个不同的艺术品展会来探讨会议主
题方向的确定。

　　2006年，我们在青岛举办中国诚信画廊展，没有举办论坛之类的
会议，只安排了两个讲座，其一是俄罗斯油画鉴赏；其二是书画艺术
品投资收藏讲座。安排这两个讲座的理由是：首先，会展的参展商都
是国内优秀画廊，大家代理的艺术家不同，不宜于安排针对参展商的
会议，参展商最为关心的是如何把画廊艺术品销售出去，但画廊的艺
术品价格比较高，只有那些懂得书画欣赏和收藏的人才能购买书画，
因此，会议的目标方向就确定面向观众，会议目的是培育艺术品市场
及普及艺术品鉴赏知识。其次，是考虑到国内书画投资方兴未艾，许
多人还不了解书画投资的特点，讲座的目的是介绍书画投资的市场特
点及应该选取哪些门类艺术品。这两个讲座受到参展商、政府工作人
员及青岛当地艺术机构和展览观众的欢迎，都很安静地连续两天认真
听课，可谓人人受益，也带动了展览现场销售。

　　2012年9月，我们在北京宋庄举办首届中国艺术品产业博览会。
产业博览会的特点是产品与服务的交易会，主要面向专业观众。最
后，确定的论坛名称为"中国艺术品产业高峰论坛"，论坛主题分为
两个，上半场是艺术品投资论坛，下半场是艺术品经营论坛。会议主
题设计的目的是面对参展商及专业观众、艺术机构讨论目前艺术品投
资市场面临的政府政策、市场环境、瓶颈问题及国际上在经营形式、
经营方向的经验。论坛的现场效果也很好。

论坛场地外景

会议的组织

作者在论坛上发言

论坛会场

　　从上述两个案例可以看到：会展中伴生的会议，其主题有几个选择原则，(1)对会展的参与人有帮助；(2)对会展有社会效益或经济效益的促进；(3)会议主题要有新意，有足够的吸引力；(4)会议主题一定紧扣现实、紧扣时代。

　　会议形式不拘一格，可以是论坛、封闭会议、公众演讲，也可以是讲座、研讨会、嘉宾现场讨论会、学术报告会；时间上可以是连续几天，也可以是半天，甚至两个小时。会议场地也是多种多样，可以是会议室、礼堂，也可以是户外的场地。总之，形式是为内容服务的，内容有价值，会议组织工作才有价值。

会议的组织工作可繁可简，但不能马虎。有一些基本的环节是必须考虑到的，每个环节都可能扩展出来许多问题和工作量，并加大成本支出。

一、会议主题及会议规模。会议主题确定后，确定会议形式及会议规模。如果还无法确定参会代表人数，建议按照经验判断，宁小勿大。

二、确定会议时间及场地。会议时间不要与会展主要仪式、活动冲突，会议时间要考虑会议代表的时间节奏及会议举办地的习惯会议时间。上午的会议时间会比较仓促，下午的时间弹性比较大。会议地点考虑交通方便。

三、会议日程及会议时间控制。确定下来会议日程，计划好会议时间，会议主持人应有掌握会议进程的能力。

四、会议拟定的嘉宾及演讲人。希望邀请的会议嘉宾及演讲人应事先沟通，避免出现会议举办时大幅度调整嘉宾、演讲人的情形。

五、会议现场背景、设备的准备工作。背板、仪式设施、投影、音响、桌椅、饮品、纸笔、会议资料文本、速记等筹备，国际会议需要考虑同声传译及设备等。

六、食宿及茶歇的安排。一些会议可能有食宿问题，会议期间有茶歇需求，都要专门做出安排。食宿兼备的会议，还要考虑会议代表的接待问题。

七、是否有会议代表交通安排问题。

八、会议现场代表、嘉宾、媒体记者签到及纪念品发放问题。

会展的主题活动

会展现场活动   高峰论坛现场

　　九、会议的宣传推广及会议代表邀请问题。要考虑可能出现的听众不多，会议现场出现冷场的情形，需要备选临时听众的预案。

　　以上问题是会议组织的基本问题，每个问题都有需要认真落实的细节，例如，会议的宣传与推广就与会展招商招展是同类问题，关系到会议的结果。会议用设备也需要认真调试，不能想当然认为不会出现差错，话筒、视频连接都需要提前演练。

　　需要提示的是：会议演讲人最好提前审看演讲稿。既有利于会议资料的整理，有可以根据会议主题发现有无不妥的观点，能够有时间与演讲人进行修改沟通。此外，演讲人与重要与会嘉宾应提前确认行程，不仅邀请函要提前送达，会议前一天还要最后确认行程，以确保会议不出现尴尬局面。

内部的管理

　　会展公司建立自己的官方网站极为重要，不仅官方网站是一个忠实的宣传窗口，而且也是会展公司全部业务的集成者。官方网站也是线下会展的网络延续，作为回馈参展商的手段，官方网站承担了越来越多的业务功能，特别对跨区域会展，双语或多语官方网站显示出不可替代的作用。

　　官方网站的建设在资金上并不昂贵（除非开发特殊的视频三维网上展示软件），普通的网站软件技术和计算机就可满足会展公司的网站建设需要。这里主要描述会展官方网站的主要业务模块：(1)新闻与资讯。主要围绕会展举办人的业务中心发布相关信息及新闻；(2)公告。此栏目主要发布重要信息及正式确认信息；(3)展会项目专题。

会展网站服务

会展官网服务

网络宽带服务

展览的体验展示

会展公司可能有多个会展项目，如果项目不是太多，就要在网站首页明示各个展会项目专题。在此专栏详细介绍专题项目情况，包括会展沿革、本届方案、展场平面图、招商招展注册、团队分工及联络方式等；(4)展会注册。是要求每个确定参展的企业进行注册登记。登记后应该给注册企业经办人一个会员号码及会员登陆密码，便于参展单位开展独立空间维护与网上预约商务活动等；(5)网上博览会。本栏目是与线下博览会对应的网络展示空间，在对应的企业链接网上洽谈业务，便于会展公司在线上交流预约；(6)参展常识。主要介绍参展商如何做才能保证达到最优效果及部分参展注意事项等；(7)行业观察。针对会展行业，收集行业有价值的信息，提升会展公司在行业方面的形象，也为会展公司业务人员提供行业资讯。此外，还应设置广告位，为主要参展商提供广告服务。

网站建设并不困难，难度在于网站内容的饱满和点击率提升。会展公司的官方网站要做好以下工作：(1)勤于维护。每天都要增添新的内容，比如"行业观察""新闻""参展常识"栏目可以不断增加内容，有关展商信息及时上传；(2)带动参展企业经常上传企业信息；(3)扩大网站覆盖面。与门户网站、搜索引擎、企业、协会、学会网站建立链接关系，纸质宣传品、公司名片都要印制网站网址，最大限度传播网站；(4)会展公司内部要制定严格的信息维护工作流程，避免出现未加审核的内容出现在网站上；(5)官方网站应该有专人管理维护。

衡量一个会展公司的实力，其中有两项无形资源最为重要，一个是公司拥有的品牌会展资源，另一个是会展数据库资源。两者代表会展公司的行业地位和发展潜力。这里重点说说会展数据库的完善与维护。

数据库技术正广泛应用在各个领域，无论是结构复杂的数据库，还是结构简单的数据库都为企业或个人用户提供了极大帮助。对于会展公司而言，有效而全面的数据库资源是企业在激烈市场竞争中的法宝。我认为企业应该建立三个数据库，即展商数据库、观众数据库及合作伙伴数据库。

一、展商数据库。展商数据库应按行业属性划分三个层次：(1)参展商数据。把历届参加本企业会展的参展商列入其中，这些数据是企业核心数据，数据应该详细备案；(2)目标展商数据库。把参加过其他企业举办的同类展会的参展商数据列入其中，这些展商有参加展会的经验和需求，最有可能参加会展活动；(3)潜在展商数据库。广泛汇集行业内国内外企业名录，这些企业有可能成为参展商，但沟通上有一定困难。展商数据库应尽量按照"编号""名称""联系人""电话""传真""邮编""地址""电子邮箱""备注"等事项建立数据库，数据详细程度按三个层次逐步递减。

二、观众数据库。重点建立专业观众数据库，同时建立普通观众数据库及团体数据库。专业观众数据库是指行业会展最为关注者的数据，这些人群是行业会展的目标观众，拥有行业素养及发生业务关系的潜力，也是参展商最为希望接触的观众。普通观众数据库

会展现场

展场广告

列示对各类展会有兴趣参观的人群数据，尽管这些人群不大可能对展会业务产生直接关系，但这些人群是展会的热心参与者，也是展会的口碑传递者。团体数据库是指对各地方行业相关企业或团体会经常组织集体参观者的数据。这些团体热心公益、追求学习、喜爱集体活动、有人群号召力，团体数据库对B2C模式公共展会有很强的支撑作用。观众数据库建立的要素与展商数据库类似，备注栏注明对哪些行业会展有兴趣。

三、合作商数据库。合作商数据库是指与会展企业发生业务联系、业务合作的单位或个人，可以按照业务功能列示数据库，比如场馆数据库、搭建商数据库、展具供应商数据库、餐饮提供商数据库、现场服务提供商数据库等。这些数据库对展会业务提供基础支撑作用，有数据库备用便于会展企业降低成本和工作顺畅。

数据库属于会展企业机密文件，不宜公开，需要有授权使用。此外，数据库要不断修改维护，保持其有效性和对会展业务的及时支撑作用。

第九十四回　应收款管理

会展业务产生的应收款问题，困扰着许多会展业同行，当期应实现的业务收入会因各种原因不能收回现金，构成应收款，部分应收款非常容易出现坏账损失。以我的工作经验总结，会展公司应把应收款管理放到公司整体管理的高度来抓，业务管理、财务管理、绩效考核多管齐下，确保公司经济效益质量。

一、业务管理途径。会展公司的招商招展部门最熟悉应收款客户情况，按照会展合同，一般都会约定参展商客户，分次付款的最后期限应在会展开始前一个月或最晚20个工作日，一般不会约定展后付款。但很多情况比较复杂，特别是一些还处于买方市场的会展，很难严格按照合同条款执行，就造成了应收款的产生。招商招展部门应该区分类型管理应收款，对已经交付50%以上定金的企业，采取催款方式；对于信誉良好的重点客户公司，可采取付款期适当延长的方式；对于没有交合同定金或交了低于20%定金的企业，采取律师函的方式敦促交款。对国外企业尽量采取展前付完全款的方式管理。

二、财务账期管理途径。财务部门或合同管理部门要对应收款做账期管理，会展开展前，财务部门应列出应收款清单，交给招商招展业务部门，由公司业务部门会议确定是否拒绝部分少于50%定金的客户参展，其他的应收款企业应提交书面延期付款函。会展结束一个月后，区分企业类型，对不了解信誉情况的企业发出律师函催款；对因付款期手续延误的规范企业，以信函方式催款。会展结束两个月尚未付款的企业，招商招展部门应该持律师函登门催款，现场了解客户经营状况，或达成付款协议，或决定法院起诉事宜。根据工作经验，一旦出现展后两个月不能如数付款的情况，坏账风险剧增，最好断然采取法律方式解决问题。同时，财务部门要按照制度做坏账计提准备。

三、绩效考核途径。应收款的出现原因很多，但对于会展公司而言，落实责任到人最为重要，一般的原则是谁的客户谁负责，同时招商招展部门高管也应承担责任。从董事会角度，考核经营团队就要列入应收款高限比例，一般不能在年度内超过8%；总经理考核部门高管，也要对应把应收款回收情况列入考核指标；业务部门对员工的绩效考核也是如此。在绩效考核上，只能计算本年度实际实现的现金收入为绩效计提的基数，应收款视回收情况可以延缓计提绩效。全部收回可以延缓发放绩效部分。如果全年现期应收款超过总业务收入的20%，应加大延缓发放绩效的比例。

会展试听服务

会展服务

洽谈室

会展保健服务

第九十五回

档案细管理

所有的单位档案管理都很重要。会展公司的档案管理因牵涉大量业务合同，其档案管理就更为重要。本文忽略会展公司的文书档案、人力资源档案、财务档案等常规档案管理，重点说说会展业务档案管理。

会展业务档案管理一般情况下包括合同档案、数据库档案、会展手续档案、会展文献档案四个方面。

一、会展合同档案。会展业务多数成果体现在合同上，有参展合同、招商合同、合作合同、场馆合同、供应商合同等多种合同。成熟的会展公司对上述合同一般都会使用制式合同。合同制式化最大的好处在于规避潜在风险，有利于保证企业整体权益保护。对合同管理一是专人分类保管；二是对承诺事项精细化督查执行；三是合理备份（可以另存财务）；四是定期整理封存。

二、数据库档案。就是另文提到的展商数据库、观众数据库及合作方数据库。数据库属于公司商业机密，应授权使用。档案管理人员应每年定期统合更新管理。如果会展公司有局域办公网，最好采用授权数据库管理模式。

三、会展手续档案。是指每个会展的完整审批流程手续，包括政府部门、董事会、经营团队做出的关于会展的报文、批文、文件、手续文本、会展公告、会展声明、会展新闻稿等档案。这类文档会经常使用，原件要细心保管，备份或副本要造册登记使用人信息，外借使用要定期收回。

四、会展文献档案。是指与会展相关的所有印刷品、图片档案及会展报告等资料。会刊、会展日报、特刊、媒体报道、论坛文件、展

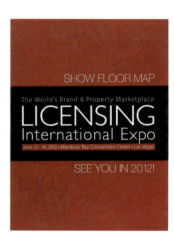

美国品牌授权展文件

东京动漫展参展指南

会展中行业发布资料

会日程、各种证件样品、门票底样、宣传品、会展礼品、会展评奖结果、主题活动相关文件等等。这些文献资料日后价值很大，也是最容易忽略的物品。

此外，会展公司还有一些档案文件是需要妥善保管的，比如，会展公司经常租用的场馆、会议中心平面图及概况，适合会展的酒店、宾馆概况等，公司一些经常要使用的资料或特殊行业资料都可视为业务档案管理。一些文化会展公司，也会积累一些文化艺术品，都具有很高的市场价值，也要设置专门的台账进行管理，防止流失。

另外，需要注意的是：有明确现金交易的合同都应该按照国家财税政策足额贴好印花税票，小型会展公司可委托财务部门管理业务合同，大型会展公司设有专门的档案保管部门，要与财务部门及时沟通涉税合同贴花程序。

　　会展公司每次展会都有大量对外公开发布的信息，为了避免出现负面信息影响或信息混乱，需要有严格的对外信息发布流程，并指定业务高管专人负责信息发布事宜。

　　会展公司对外发布的信息包括以下几个方面内容：(1)会展举办时点信息。指会展的开幕日至结束日、会展举办的城市及场馆；(2)会展全部内容信息。指举办的会展现场活动及关联活动的全部日程及准确的时间、地点信息；(3)招商招展信息。是指会展举办人发布的招商招展手册，明确列示所有的参展商所关心的事项。主要包括展会标识、参展商类型、展位价格、展位图、搭建要求、部分会展服务信息、现场能够出售的广告价目表、指定或推荐合作企业及相关注意事项；(4)展会筹备信息。是指展会招商招展的进展情况及各种展会活动概况等信息；(5)展会举办情况信息。是指展会现场及展会结束公布的展会成果信息；(6)特殊信息。是指展会出现变更事项、公共事件、重要事件、特殊情形、负面舆论质疑时发布的正式信息；(7)官方网站发布的相关展会信息。

　　会展公司应有信息发布机制和指定新闻发言人来确保信息发布的准确和维护公司、会展品牌形象。

　　信息发布机制是指公司内部协调信息发布的流程。信息发布流程一般要经过经办人、业务部门经理、分管业务副总经理、新闻发言人、总经理或董事长这样的程序，程序看起来复杂，主要是确保信息清晰和一致性。公司内部的信息协调相对容易，会展相关合作方也有信息发布的渠道，也要在协作合同中约定对外信息发布的协同机制，

 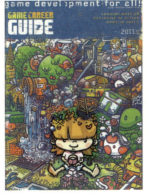 

广州国际音响灯光展　　　企业会展宣传品　　　天津滨海国际创意设计展秩序册

不能出现喧宾夺主或曲解的信息。信息发布权应视为公司控制力的主要权利之一。

指定公司高管做新闻发言人，目的是统一公司信息出口，防止不适宜披露的信息传播出去。新闻发言人负责与政府或媒体打交道，所有媒体采访都要有新闻发言人陪同，及时发现或更正信息的一致性。公司应约束内部人员随意接受媒体采访，新闻发言人要经常给出阶段新闻口径，整体塑造公司外在形象。

对特殊信息的发布，持谨慎态度，特别是出现舆论危机时，要做好媒体的公共关系维护。对任何问题都要梳理出清晰的新闻口径，防止出现遮遮掩掩、莫衷一是的被动局面。一旦出现信息混乱情形，会展公司应及时发布权威信息澄清事实。

美术馆邀请函

第九十七回　会展期变更

　　按照国际惯例，会展一般要提前一年乃至更长时间对外发布下一届会展信息，即使在国内也至少要提前半年发布会展信息。正常情况下，会展起始日一旦发布出去，就不能轻易调整，会展具体内容及局部日程可以变动，但最好能够提前45天确定全部内容及日程，并及时函告参展商、会议代表，同时在官方网站做出公告。特殊情况下展会可能出现延期或提前，这是重大事项变更，需要慎重对待。

　　会展期变更，无论什么原因都是会展业最忌讳的事情，都会对会展效果产生负面影响。会展举办方应采取必要的措施来消弭因展期变动产生的消极影响。会展期变化主要原因有两个方面，一是因不可抗力致使原定计划变更；二是因经营因素导致会展不能如期进行。前者容易得到参展商、会议代表的谅解；后者则需要积极沟通争取客户理解和谅解。例如，2010年原定于3月在东京举办的国际动漫节，因海啸造成福岛核电站事故，会展主办方决定取消动漫节活动，参展商都能够理解。而之前因为日本动漫界出现漫画协会抵制动漫节活动，也一度传出展会延期消息，就造成外界诸多猜疑。可见，因经营因素变化导致会展不能如期举办，对会展品牌具有很大的杀伤力。

　　会展举办人要知道会展期变更的常规程序，在中国国内首先协调会展场馆新的开展档期，然后按原来审批程序提出展期变更备案。一些地方政府有同类展会协调机制，可能因为避免恶性竞争的理由拒绝展会变更请求。

　　一旦出现会展期变化，会展举办方要立即启动公关机制，正面说明展会调整原因，及时告知客户并致歉。致歉函应明确说明展期变动

夏纳国际音乐节资料

INVITATION
Orientation Cocktail
MIDEM 2008

Sunday, 27 January 2008 - 10.30 am
La Verrière - 1st Floor - Palais des Festivals

Dear Participant,
Welcome to your first MIDEM. In order to make your stay in Cannes as efficient as possible,
we are pleased to invite you to meet the MIDEM team & receive market tips over a glass of champagne.
The cocktail will finish with a guided tour of the exhibition.

Printed on
100% recycled paper

www.midem.com
The World's Music Market - 42nd edition
27-31 January 2008

夏纳国际音乐节邀请函

的原因及道歉的诚意，并真诚期望客户谅解和表达继续合作的愿望。致歉信最好由公司高管签名并由会展公司高级业务经理亲自拜访当地客户送达，对于外地客户要由会展公司高级业务经理亲自打电话道歉沟通，取得客户谅解。此外，会展举办人要对所有的宣传推广途径进行全面信息更正。

　　会展期变更还会影响会展举办人的合作伙伴，引发的影响要做全面评估，要覆盖式地及时知会所有与会展有关联的组织和相关人。会展地点的变更会引起诸多连锁反应，也要认真对待。尽管会展期（或会展地点）变更不是好事，但慎重处理变更事务，也会树立会展举办人的责任形象。

新闻中心

会展服务

第九十八回 供应商招标

　　会展公司离不开供应商的支持，很少会展公司具备所有业务独立运营的能力，即使有这样的资金实力，事必躬亲也未必是一个好的选择，许多企业采取购买或外包服务是明智的策略。供应商的选择应原则上采取邀标或招标的方式进行。

　　公开招标是指按简单的招标流程对外公开遴选供应商的事务。邀标是根据内外推荐选取数家应标供应商择优选用的过程。采用这两种形式选取供应商，目的：一是保质保量完成预期工作；二是适当引进竞争机制，降低会展公司运营成本；三是避免用人唯亲，防止内外勾结，造成公司运营成本增高。对于会展公司而言，主场搭建、主题活动、会议论坛、门票销售、广告代理，甚至招商招展代理、服务餐饮等诸多事项都可以采用招标或邀标的方式进行。

　　做好招标或邀标工作，主要抓好几个主要工作环节：

　　一、合理制定标书。通过公司联合会议，确定哪几项事情是需要

会展指示牌

会展指示牌

通过招标或邀标形式需要供应商合作的。一些需要特殊资质的服务行业、特殊技能的服务、人员密集服务等事项应该选取供应商服务。标书应指定工作小组专项制定。

二、公开发布招标信息。为了确保工作的公平性，应保证在一定范围公开招标信息。邀标信息也应该适当放宽信息推荐范围。会展公司的标的数额一般不高，不宜花费资金做太大范围的信息发布，这不仅是节省资金，也是节省招标工作的精力。出现大量的应标供应商，虽然兼顾了公平，但也需要大量的精力处理每一份标书，更可能出现纠纷。所以，会展公司的招标邀标工作不宜扩大范围，在会展举办地城市范围即可。

三、保证服务质量为前提。会展公司应该清楚，招标或邀标的首要目的是保质保量完成任务，节省资金固然好，如果出现应标客户过分压低预算，不能高质量完成项目的情况，就会得不偿失，资金节省了一点，但展会出现负面影响却不值得。公司对应标供应商的信用、信誉情况要特别重视，不能因小失大。最终中标供应商的选择，还要考虑一些综合因素，比如，此供应商以往合作过机构的评价、供应商具备的附加资源、供应商具备的同类工作经验等，都是竞标打分的重要考虑因素。

四、坚持部分款项后付。中标供应商选定后，会展公司要指派专人负责联系和监督供应商对项目的执行，并留有尾款在项目执行后评估决定是否支付，目的是督促中标供应商保质保量完成项目。

第九十九回　严肃的计划

我多次到国外参展，在工作中感触最深的就是国外合作伙伴对计划的重视及执行计划的坚定性，几乎没有对计划变动的灵活性。我国驻美国、日本使馆的文化参赞对此感受更深，他们对我说：国外对计划的重视有两点需要国内企业学习，一是计划的提前制定；二是对计划的坚定执行。我也非常认同他们的观点。相比之下，国内企业对计划的严肃性明显重视不够，随意性和灵活性过多地体现在计划的执行过程中。

一、计划或策划的前置性。2010年，受文化部委托，中国动漫集团组织国内的动漫企业到东京参加国际动漫展。我和日本一家公司签订合作协议，安排参展事宜。日本公司在2009年10月便与我方确定次年3月的详细方案和日程，对此，我方极不适应。后来，我方提出对预定方案的修改，日方尽管配合，但程序极其繁琐。由此，我总结为，计划提前做，而且要认真提前做。不仅为后期工作明确方向，也为一些需要提前预约的事情留出充裕的时间。国外的会展业务计划性很强。

二、计划执行的严肃性。我们习惯了灵活机变的工作方式，对计划的变更不以为然，但是与国外合作做事，就要少有变化。比如变动活动时间、地点，变动出席嘉宾，变动会议日程，变动活动出席人数，甚至变动会场座椅摆放样式，都很难为外方理解。在我与日本公司的合作过程中，备受两种文化理念的困扰，但细思量一下，国外对计划或策划严肃认真的执行态度还是对的，值得我们学习。

三、计划执行的规范性。在成功举办2010年中国动漫代表团参

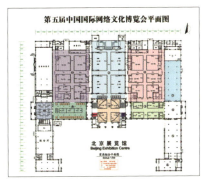

网博会展位规划图　　　　　　　展场平面设计　　　　　展会手册

展工作后，我清理全部工作档案，发现日方公司几乎所有的工作都有完整的执行方案。例如，酒会方案，有地点选择方案，方案有地点的选择理由，两处地点的方位图和会场平面图，有两个场地的会场布置图和餐饮三种价格预算，有两种请柬的样式，邀请函及信封的样式，有拟邀请嘉宾的名单，有休息室的服务项目列示等，我方的意见会以书面方式回馈给日方。我面对厚厚一摞来自日方公司的文档，感慨良多：计划或策划就是靠规范化步骤逐项落实的。

坦率地讲，我至今对日本、美国会展公司的做法还不能完全认同，认为有些过于机械和僵化，很难有工作的灵活性。一位久居日本的华侨对我说："我也不习惯日本人办事的教条化，但日本民族的精神恰恰归于认真。"我认为他总结得有道理，对计划的认真精神确实值得我们学习。

论坛主席台设计

会展公司在经营过程中，容易形成惯性思维，时间长了，就形成一种固化的模式，很难有创造性地开展经营，不利于公司对内挖掘潜力，对外拓展业务。

在国内演出界，有一个有趣的现象，就是出身演员的内行演出商不如外行演出商经营得好。20世纪80年代，是艺术表演团体内部涌现出一批演出业务经理的时代；90年代出现了一批外行介入演出市场的经理人员，这些人基本上没有艺术表演团体从业经验，但他们把演出经纪做得风生水起。究其原因，就是这些所谓的"外行"，没有固定的思维束缚，引入大量的市场营销理念来做文化市场。这个现象说明，传统行业需要有"跨界"的思维，注入新鲜血液，焕发新的生机。在展会策划、展会模式、展会形式、展会内容、展会活动、展会销售、展会服务、展会衍生等诸多方面都存在不断创新的挑战。

举个例子来说明展会经营手段的创新。比如展会门票销售，由传统的自我销售，发展到票务公司代理销售，由普通的门票变成附加广告的门票，由个别销售扩展为团体销售，由网点销售扩展为网络销售，网络销售又延伸为团购促销，由普通销售演变为有奖销售，由独立销售扩展为搭售或捆绑销售等等，可见一个门票销售就可以翻新出多种花样，每一个花样都可能促进销售额的提高。

经营的创新实际就是在起点和目的结果之间多划几条路径。有一条线是惯用的路径，然后再划出几条可探讨的路径，无论是自己想的，还是借鉴他人的；无论是本行业的，还是行业外的，细细思考利弊得失，就会选取最优的路径。

会展服务区   会展展示方式

会展办公区   会展资料领取

　　经营的创新，也是与时俱进的要求。如今的世界变化了，互联网发展的无孔不入，交通通讯发达了，科学技术进步了，人们关心的问题焦点转移了，市场竞争更加激烈了，在处理问题的方式方法上没有一成不变的格局。经营的创新不是坦途，是循序渐进的过程，比如展会模式、展会形式的断然变革，就可能引起认识的混乱，需要慎重而为。创新是一种思想观念的坚持，创新的目的是逐步完善发展会展，而不是断送会展。

　　读万卷书，行万里路，多借鉴，多感悟，才能不拘一格，有所创新。一位资深会展人士对我说过：会展的魅力在于常做常新。就是说一个优秀的品牌会展，你每次参加都会有新的发现，无论是内容方面，还是形式方面，总会给你惊喜。

多年的会展工作阅历，让我结识了一些优秀会展人才。总希望有幸能与这些人士一起共事，也时常感慨会展人才的短缺。什么样的人员是会展的人才呢？还真难以有确切的结论，我只是试图归纳一下我所结识的优秀会展人所体现出来的共同点。

一、激情与热情。俗话说：干一行，爱一行。如果没有对会展行业的喜爱，就很难在这个行业发展。没有热爱，就没有激情。优秀会展人士，对会展业、同类会展、竞争对手会展的相关情况一定是出于本能关心的，对自身举办的会展业务一定是追求完善的。

二、专心且用心。一个优秀人才需要有合理的知识结构及良好的素养，但优秀的专业人才一定要有专业素养和对专业的高度用心。现在有一些高校开设了会展业课程，但不意味着专业毕业的学生就是优秀的专业人才。只有那些懂得专注、懂得用心的人士才是优秀人才。在一个具体的领域、具体的团队中，正是因为每个人用心程度不同，才体现每个人最终的价值不同。在我经历的会展团队中，有几位同龄且同时进入同一个会展公司的年青人，近10年下来，几个人的价值和作用则不可同日而语了。有的成为公司业务骨干，成为企业的中坚力量；有的还是原地踏步，做一天和尚撞一天钟。究其原因，就是用心程度不同。

三、持续的学习能力。会展业看起来简单，做起来不易。不仅需要会展本身的业务知识，还需要关注会展主题涉猎行业的相关知识。会展的策划与实施，是在不断变化的环境下完成的，会展人员必须保持与时俱进的心态，大量的新知识需要学习。持续的学习思考能力是基本的业务状态。

四、良好的沟通能力。会展业是服务业，会展所有的工作，绝大多数可以归结为沟通的过程。团队内部的沟通、团队与外部的沟通、客户关系的维护、合作伙伴的协商、政府关系的对接等等，都需要良好的沟通能力。

五、敏锐的判断力。现在是一个信息爆炸的时代，诸多信息让人无所适从，哪些是有用信息，哪些是伪信息，需要高度的洞察力和判断力。信息的理解力和判断力是一切高级人才的必备能力。只有敏锐的判断力，才能抓住机遇。

六、坚定的执行力。再好的会展策划，再好的市场机遇，都需要通过扎实的工作才能实现。优秀的会展人才，必须有坚忍不拔的精神和踏实的工作作风，把计划和想法落实到位。会展业务是典型的项目管理模式，每一个环节都来不得虚假，会展现场如同演出舞台，演出是否精彩，全在演员的平时功夫。会展能否成功就是执行力的总结。

会展组织工作机构

会展服务区

会展服务窗口

会展展位搭建设计

第
一
百
零
二
回

坚定执行力

相对其他行业来说，会展业对于团队执行力要求更高。因为会展业是时点经济，无论准备工作做得好坏，会展的时间是轻易不能更改的，客观上要求会展团队必须在既定的时间里高质量完成预定工作目标。而执行力就是会展顺利举办的重要保证。

坚定的执行力，对任何公司都是求之不得的能力，怎样才能培养出坚定的执行能力呢？我认为以下几个方面是检验企业是否具备执行力的标准。

一、是否勇担责任。团队应该把责任心看的很重，任何人做事情都难免出现差错，但执行力的培养主要是培养团队对责任的意识。具有执行力的团队必须对责任有担当勇气，必须知道是否完成了责任，是否应该承担责任。管理者对出现差错的员工，必须要让他意识到责任是不容推诿的。

二、是否奖惩分明。奖惩分明是对责任心的激励保障，也是对管理的效果确认。奖励是对责任心和努力的正向激励；惩罚是对不负责

会议公告牌

展场广告

任行为的负向激励。双向激励凸显出责任心的重要性。如果做不到奖惩分明，责任心就不会强化。团队就会停留在依靠觉悟工作的层面，执行力就会可有可无。

三、是否改弦易辙。执行力是指对既定计划和方案的落实能力，不是随意而为的即兴发挥。允许有一定的主观能动性，但主观能动性是围绕既定计划或方案的目标展开的。执行力保证的是既定目标完成，而不是达成一个新的目标或结果。在实际工作中，会出现南辕北辙的情况，主要是改弦易辙，忽略了计划中的目标核心。

四、是否回避困难。坚定的执行力是指不遗余力地去完成任务，是千方百计去克服困难，而不是浅尝辄止。没有执行力的员工习惯用充足的客观理由解脱自己，而不是想方设法解决困难，这就是没有坚强的意志。在主观上如何面对问题，也是团队有无执行力的分水岭，更是一个个人素质是否优秀的分界线。优秀的员工是不会回避困难的。

五、是否保质保量。坚定的执行力是以扎实的工作作风，来最大限度、创造性完成工作目标，不是以敷衍的态度走过场。比如，邀请会展嘉宾出席相关活动，走过场的做法是发出邀请函就完事，而有执行力的做法是确认每一份邀请函都送到拟邀请嘉宾的手中并确认一定会出席活动嘉宾的名单，对重要嘉宾会做有效的说服工作，并在活动举办前一天再次确认每位嘉宾的出席情况。

坚定的执行力是会展公司核心竞争力重要组成部分。

露天活动舞台

团队坚定的执行力是会展企业的核心竞争力之一，而执行力的基础就是团队成员的责任感素养。责任感是指员工对岗位职责的敬畏和尊重，是一种可培养的个人素质。

责任感是人类区别其他生物种类的特征，即思维决定了人类的意义在于需要对责任承担义务。具体到一个人身上，有自我责任、团队责任和社会责任三种素养之分，人的本性决定了自我责任会强烈体现在一个人的行为中，即人有自私的天性，而团队责任感或社会责任感需要引导和培养。

团队责任感是个人对工作职责的承担义务，并把这种义务认识上升为个人素养。没有完成工作会产生自责和愧疚。在团队中对责任感的培养主要办法就是有责必究。在企业里，如果做不到有责必究，就会弱化团队责任感，直至消失或麻木。比如，一个员工迟到，有责任感的员工会感到不安和歉意，而没有团队责任感的员工会认为没什么大不了的，对于处罚也持敌视态度。这就是有无团队责任感的区别。一个团队或企业，有无责任感直接决定了团队或企业的战斗力和执行力。

有责必究的原则不是为了树立企业的管理权威，其真正目的是持续强化团队每个成员的团队责任感。许多员工会把自我责任感自动升华为团队责任感，这些员工就是天生具有优秀素养的员工；而还有许多员工可能自我责任感都不具备，更谈不上具备团队责任感了。对于这些员工只能通过对制度或纪律的坚决执行来强化责任感。

有责必究的原则在企业里体现为激励机制和企业文化的双重作用。激励机制表现为对员工责任感和工作成果的奖励或惩处。给予奖

会展现场

励的行为或结果是对责任感的正面肯定，就是正向激励；给予批评或惩处的行为或后果，是对没有责任感的员工一种负向激励，促使员工牢记责任感意识；激励机制的表现形式趋于理性，而企业文化更趋于感性的管理氛围。当企业文化形成一种对团队责任感强化的工作氛围时，才是积极健康的企业文化。优秀的企业文化会影响团队成员对团队责任感有推崇的冲动。对于企业管理者而言，奖罚分明的激励机制及推崇团队责任感的企业文化比制度形式上的健全更为重要。

没有团队责任感的企业，就是人心涣散的企业，也就是没有执行力的企业。

第一百零四回　寻找志愿者

　　大规模的会展对工作人员要求的数量很大，20000平方米以上的会展，展场管理需要20人以上，开放式公众会展可能需要更多的人。如果再同时组织会议或活动，工作人员数量还要增加。一个会展公司往往不会有太多的工作人员，这时候，需要临时聘用短期雇员或寻求志愿者帮忙。

　　寻找志愿者是国内外会展业的惯例。特别是在国外，志愿者服务观念比较普及，尽管展会不是公益活动，还是有许多志愿者愿意提供帮助。在国内，多数情况下会邀请大学生来提供志愿者服务。特别是一些大学开设了会展或艺术管理课程，会展举办人求助于学校或学生团体，一般都能够得到需要的帮助。

　　志愿者与会展举办人没有劳动雇佣关系，不适合像公司员工一样管理，但又不能不做管理，最好的方式就是通过短期培训对志愿者提出工作要求。培训应在会展开幕前几天进行，培训的内容要有以下几点：

　　一、会展情况的全面介绍。由于志愿者是临时加盟会展服务，需要把会展的相关情况比较详细地介绍给他们。内容包括：会展的举办方与协办方、会展的全部日程、会展的地点及场馆情况、参展人情况、会展服务项目与方式、会展合作服务机构与主要负责人、会展工作人员的联络通讯方式、会展现场应急方案等。这些全面情况不仅有助于志愿者了解会展，更重要的是有助于志愿者在会展现场能够给咨询人以准确的解答。全面情况及文本文件（包括会展服务手册）要提供给志愿者，提前带领志愿者熟悉会展场地及活动、会议场地。

会展服务

现场邮寄服务

寄存服务

二、志愿者的具体工作介绍。把会展举办人希望志愿者做的工作具体而清晰地告知他们。要考虑到志愿者可能没有相关工作经验，尽量把工作流程描述具体一些。有一些工作不适合交给志愿者，并非是不信任他们，主要是规避可能出现的不必要麻烦。比如，需要很高技术含量的工作、需要丰富经验的工作、需要综合协调的工作、票证现金收支工作以及需要合作对接的工作。给志愿者指定公司内部的具体汇报人，便于有序开展工作。

三、尽量统一服饰。有可能的情况下，尽量提供给志愿者统一的T恤衫及明显的志愿者服务标识，便于参展商、观众及会展举办人识别。

四、提出礼仪及工作纪律要求。感谢志愿者提供服务的同时，也要告诉志愿者代表了会展举办人的形象，请他们按照会展举办人的服务要求开展服务。对突发事件或现场纠纷情形，应提请志愿者及时通知会展举办人的公司人员及时处理。

此外，会展举办人要在工作环境、工作强度、餐饮休息等方面多关心志愿者。

展场是会展的载体。在理想的档期，用理想的价格租用一个理想的展场并不是一件容易的事情，这与国内会展中心基础设施建设不平衡有很大关系，也与会展的旺季与淡季有密切关系。另文谈到会展场馆的选择问题，这里主要谈如何租用场馆。

一、根据会展策划的要求，确定出备选的场馆。例如，某个会展方案确定了会展在北京举办，会展面积在20000平方米。现实备选的展馆只有五家左右。然后，对这五家场馆要做档期调研，把符合会展方案且有预定档期的场馆挑选出来，进行最后的比较。比较的要素，主要是价格及是否符合计划中的展览使用。此外，要考虑交通、人气、停车、餐饮服务等因素，确定终选场馆。多届举办的会展，一般不用这样选择，正常情况下会沿用场馆。

二、协商价格，签订意向。目前，国内会展中心数量不少，但使用率极不平衡。北京、上海、广州等地的展馆使用率很高，其他地方展馆的使用率偏低，这给会展举办人提供了一定的选择机会。谈好

展馆服务考察

展馆设施考察

展馆设备考察　　　　　　　　　　香港会展中心

价格后，可以先交少量资金，签订一个意向书，不必急于签订正式租用合同。北京、上海、广州等场馆使用率较高的地方，可能就没有缓冲的余地了。场馆租金价格也有一定的弹性，特别是对连年举办的展会，都会给予一定的价格优惠。

三、了解展馆收费细节，逐项争取利益。在签订正式协议前，要逐项审阅合同内容。尽管展馆方都提供制式合同，但也可能存在"合同陷阱"。第一次办理租用场馆业务，最好先请教有经验的同行，该争取的利益就要争取。在签订场馆协议时，最容易犯的错误就是认为场馆提供的是制式合同，没有谈判余地，草草签字了事。

四、想全问题，留有余地。一些新办的展览，都可能出现风险，比如，预想招展2万平方米，实际招商不到一半，这时，就会浪费1万平方米的面积。所以，在租用场馆时，不要贪大、贪多，可以留有余地，逐步增加面积。即使签多面积，也可在协议中与场馆方约定，不用的面积酌情少收租金，事在人为。有长远眼光的场馆方，也会协助会展举办人逐步培育在自己场馆举办的会展。

五、多做沟通，形成助力。许多会展举办人把展馆方视为陌路，仅仅把场馆方当作简单的会展场地租借人，甚至会看作对立方，这是极错误的做法。正确的做法是多与场馆方沟通，建立不同层面的对接机制，让场馆方随时了解会展进展，多听、多采纳场馆方有益建议，一些困难也要坦诚提出来，谋求解决问题的合力。场馆方对会展的见识和利弊判断有时比会展举办人更清楚。

有效赴会展

对于中小企业而言，是否参加行业展会还有些陌生，多数企业认为：展会不会给企业带来多大的帮助，这种认识是片面的。会展经济之所以存在而且发展很快，一定是解决了企业的需求，企业参加对路的会展，一定对企业有所帮助。这里主要讨论一下企业如何做出正确的参展决策。

解决企业发展需求的会展是值得企业参加的会展。

各行各业的企业会经常接到参展的邀请，也会看到许多会展信息，首先面临的决策问题就是企业是否应该参加会展。企业在不同的发展阶段，面临的市场需求是不同的，企业参展的目的也是不同的。判断企业参展意向首要的决策思考就是会展的内容是否能够有效地解决企业现实需求。不同的会展对于企业能够解决的主要需求有以下几个方面。

一、维护或树立参展企业的形象。参展对于企业树立形象来说既省时又省力。对于新企业来说，参展可以帮助企业在短时间内建立客户关系，进入市场，被同行业所接受。而对老企业来说，则更应注重固定参加一些有影响有规模的专业展，以便定时与客户交流联络。B2B模式的展会主要能够解决企业所面临的行业内部问题；而B2C模式的展会主要解决企业所面对的消费者及社会公共关系问题。

二、增加对市场和行业的了解。尤其是专业的行业展览，展商很容易了解到其他企业的发展、产品状况，甚至是科技秘密。另外，在与观众的交流中了解市场的需要和潜力。这些了解比日常的市场调研要直观和准确。好的行业会展能够聚集行业内最优秀的企业参展，包括国际上的著名企业参展，也会举办行业焦点问题的论坛和会议，是企业了解行业发展趋势、行业市场动态、行业先进技术应用及先进管理模式的最佳时机。

三、宣传推广企业的产品和服务。展览会是一种立体的广告，为展商提供了一个充分展示自己产品的机会，使客户或消费者增进对产品和服务的了解，便于客户接受。同时，也是参展商评估自己产品与服务的最好平台。

四、促进销售与成交。展览的时间虽然短，为便于客户直接与商家交流，大多数参展者都希望在展览会上达成一些协议或意向。一些B2B模式的展会如广交会就是产品交易会，许多参展企业主要通过展会与客户面对面的洽谈和达成交易合同或意向书。会展平台解决了散落在世界各地的潜在客户集中会面的机会，展会有可能成为企业销售的黄金时机。

企业如果通过对展会的了解，符合现阶段企业需求，也有能力参加会展，就可以确定参展意向。

展会资讯服务

展会标识

展会指示标识

展会服务

企业明确了参展意向，就要讨论参展方式和参展方案。参展方案是建立在全面的参展决策分析之上的，这里主要讨论如何进行系统的参展决策分析。

决策分析主要包括三个方面：(1)对展会举办情况了解；(2)企业参展目标确定；(3)预算额度。

一、了解展会情况。企业确定参展意向后，企业就要对意向参加的展览进行系统了解，以便做出最明智的选择。展览往往分为国际展、国内展。有的展览范围极广，如博览会，而有的专业展只限于该行业；另一方面，有的展览注重的是产品的展示，有的则侧重贸易交流。参展者必须先对展览的性质、规模和范围有所了解，再进行重点考虑。对于专业展来说，展览的时间十分重要。如果展览时期恰好是该行业的销售旺季时期，展览的效果自然会好。故通常在年初或年底的展览比较受欢迎，因为这个时候通常是企业制定计划的时间。场地，也同样至关重要，展览会的展位位置是吸引参展商和观众的重要影响因素，直接关系着产品的市场。展览会的组织者是展览会中的灵魂，优秀的组织者对展会成功举办至关重要。企业可以通过会展的招展资料、会展官方网站、参加过此类会展的人员及会展招展部门工作人员了解相关信息。

二、确定企业参展目标。成熟的展览都有清晰的区域划分，企业应该选择同类的企业展区展示，如果企业暂时没有实力租用大的展位，也尽量挑选与知名企业靠近的展位或便于观摩者参观的展位，避免选择偏僻的展位。展览的方式可以选择特装或标展（标准展位），

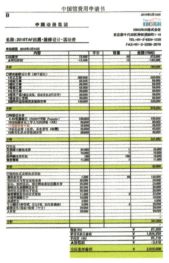

参展预算

户外广告

展览的内容紧扣企业需求和整个展览主题。避免毫无想象力地布置展位，要靠创意去在众多参展商中独树一帜。不同的展会模式要采用不同的展览展示手段，以达到参展预想目标为核心，用心设计展品和展台。

三、合理安排参展预算。参展企业做好参展预算十分重要，如果计算得当并有连续性，那么商贸展览会对于小企业来说是很好的投资。在制定预算时，需要记住的项目是：展台空间、建造拆除、特别的广告赠品、运输费用、视听器材、电力开支、电话服务、附属材料、人员费、广告、机票和酒店住宿等。经常参加展会的企业可以制作一些参展固定展品，可以反复使用，节省成本。

以上参展分析形成参展方案，通过公司的管理程序后交给指定的部门执行，执行部门严格按照参展方案提出的参展目标，争取在预算内完成参展任务。

会展服务车

　　有价值的会展是指能够有效展示企业形象、促进业务交易、开阔视野、启发思路的会展。但多数企业对参加会展理解还很肤浅，特别是对于参加国际会展，往往是准备不足，走马观花，很难取得实质性成果。如何抓住机遇，做好充分的参展准备工作，确保参展企业能够达到预期目的，这方面需要特别注意以下事项。

　　一、了解展会属性，有备而去。知己知彼，百战不殆。参展企业应该对会展进行认真了解。无论从其官方网站了解，还是向参加过展会的同行了解，都需要清楚展会的属性和参展商、参展专业观众的相关背景和展会流程。这样才能带着对路产品参展，才可能有所收获。

　　二、公司主要业务管理人员应该参展。参加国际会展，不仅对业务有帮助，更重要的是可以直接了解世界同行的业务方向和新业务开拓方向，对企业开阔思路，借鉴经验有重要意义。公司主要管理人员参展，可以快速判断和决策，容易签订合同或意向。

　　三、重视官方网站，做好会谈预约。有价值的会展往往是典型的B2B展会，不接纳非专业观众，也很难在展会上临时约定会谈，一般都是提前预约，开展后按预约会晤。会谈的主题、基本意向等都是通过官方网站取得联系方式，然后通过电话或电子邮件沟通并约定好在展会期间的会谈时间。企业也要在展会前给熟悉的客户发出观展邀请。

　　四、参展搭建的准备。各种展会对会展搭建的侧重点和方式都是不同的，需要借鉴以往参展商的经验或咨询会展举办人，例如，动漫会展的展场搭建有其特殊方向，简单归纳就是公司或品牌要醒目，展

地面指示牌

示在外围，展位的内部以会谈座椅为主，此外，最好能辅助以电子屏幕演示。动漫品牌授权展展会的搭建目的非常明确，就是突出品牌，方便洽谈和交流。

五、参展展品的携带。大型公司不仅展位规模较大，陈列的展品也十分抢眼。中小公司还是以小型展品为主，但突出精致、美观、特性等品质。宣传资料以单页、10页之内的精美印刷品为主。最重要的是有重要信息的参展手册，要仅限对有预约的目标客户使用，不宜随意送出。

六、参加专题会议或论坛的准备。展会期间一些展商为了一定目标会召开一些主题会议，但不会接受临时参会，也是需要提前预约。这也需要在展会召开前通过官方网站或电话、电子邮件预约。B2B展会的特点是一切按约定和邀请行事。如果恰逢公开活动，即使有观众参观展位也会礼貌地回避，这是B2B展会与B2C展会规则上的区别。

七、专业外语人员的配备。为了达到参展目的，要重视语言沟通的方便。最好公司能够选派有英语沟通能力的业务人员参展。如果公司不具备条件，也可以临时聘请翻译人员，但是对翻译的选择应该侧重有一定的专业知识，避免出现沟通障碍。专用的高水平翻译十分必要，直接关系到参展效果。

此外，许多会展交易禁止摄像和摄影。特别是授权产品样本，更是要严格遵守规定不能近距离拍照。有效参加有价值的会展对企业是有很大益处的，如果企业资金困难，也可以仅仅参会。只要前期准备功夫做到了，就一定会有明显的成果。

资源的借势，不仅是会展主办人在会展策划中考虑的因素，对于会展参与人也可以借助会展的平台达到借势而为的目的，其道理在于最大限度节省项目成本和扩展项目影响。

2006年，在我组织中国国际艺术品投资与收藏博览会的工作中，一位艺术品拍卖公司负责人找到我谈合作，拍卖公司计划在博览会上做书画拍卖预展，然后举办拍卖会。这种方式看起来与正常的拍卖操作程序没有太大区别，实际上拍卖活动的影响扩大了许多，通过洽商，拍卖公司取得了博览会的主要展位，成为展会的主要看点，拍卖信息最大程度传播，博览会的宣传幅度和聚集人群的数量都不是一个拍卖公司项目所能比拟的，而租用展位费用也比租用宾馆费用低，也不用自己搭建展板，宣传费用也大大降低，这就是典型的借势发展。在我组织的中国国际网络文化博览会上也多次与会展参与人合作各种项目，只要对展会资源分析透彻，就会找到合作契机，互利互惠，达到少花钱多办事的效果。

对于会展平台的借势，主要分析以下资源：

一、会展在行业或社会的影响力。企业都有宣传推广的需求，有影响力的会展平台无疑是最优势的资源，只要企业经过分析，确定目标会展具备企业的市场推广需求，就可以设计方案，谋求合作机会。而会展的影响力是整体的或宽泛的，企业参与合作的前提就是会展在企业需求目标市场方面具备明确的优势。

二、会展的观众是否是企业的目标客户。会展观众因会展模式的不同有专业观众和社会观众之分，专业观众对企业寻求业务合作、批

会展现场

发销售、拓展业务伙伴关系有益；而社会观众对企业树立形象、宣传品牌、扩展影响、集中零售、市场终端调查有帮助。企业对拟合作展会的观众属性了解后，再确定是否参与展会活动并确定有针对性的参与方案。

三、是否能得到会展举办人的支持配合。会展举办人在一般情况下对所有的会展参展人是一视同仁的，服务也是平等的，不会专门支持某个参展商。所以，借势会展平台不同于普通的参展行为，而是企业与会展举办人的合作行为，要尽量寻求会展举办人在宣传、场地、活动时间、邀请嘉宾等方面给予特别的支持，并以协议的方式确定下来。

此外，企业要注意借势会展平台过程中保持企业的一定独立性，否则，容易使企业的借势效果淹没在会展大平台中。

第
一
百
一
十
回

抓
住
参
观
者

　　展会是企业宣传推广产品或服务的平台，要抓住面对面与展会参观者推介的良机，可能让企业在短短几天里找到比企业业务员奔波一整年还要多的销售线索。展览会是企业能找到的、绝无仅有的集中时点营销工具。然而，许多参展者却未能有效地充分利用展览会，造成销售推广良机的浪费。

　　怎样才能最大限度吸引观众、引导观众呢？除了展台搭建要有新意外，展位工作人员的现场表现尤为重要。

　　一、良好的精神状态。现场工作人员不要四平八稳地坐着。展览会期间工作人员坐在展位上，给人留下的印象是你不想被人打扰，也不要看书报或玩手机。通常你只有二到三秒钟的时间引起对方的注意，吸引观众停下来。如果你心不在焉地做杂事，观众就会匆匆而过；更不要在展会上吃吃喝喝，那样会显得粗俗、邋遢和漠不关心，而且你吃东西时潜在观众觉得打扰你不礼貌。精神抖擞、面带微笑的精神状态对观展而言是一个友好的欢迎姿态。

　　二、循序渐进地引导观众。不要在展位前拦截观众，也不要见人就发资料。这种粗鲁的做法会令人不快，而且造成资料的浪费；更不要以貌取人。展览会上惟一要注重仪表的是参展单位的工作人员，顾客都会按自己的意愿尽量穿着随便些。工作人员要在内心判断观众、尊重观众，对那些对本企业展示感兴趣的观众，循序渐进地交流。

　　三、营造友好轻松的展位氛围。现场工作人员不要聚众聊天，也不必站成严肃的队列，这些都会形成对观众的压力，现场可以适当妆点花草，低音播放轻柔的音乐，摆放糖果、饼干，营造宽松惬意的现

会场外景

会展的信息登记区

城市公交会展广告

城市会展路旗广告

场环境。工作人员应配挂证件，着装正式、整洁，可以给观众留下很好的企业形象。

四、熟悉企业展示的产品或服务。一些企业在参展时，过分注重工作人员仪表，却忽略对工作人员相关业务的培训，特别是在专业会展情况下，会有许多专业观众参展，观众愿意与企业工作人员进行深度的交流，如果一问三不知，就会影响参展效果，也会影响企业形象。

五、杜绝空城计。一些企业到外地或国外参加会展，工作人员自然渴望有时间旅游或购物，于是会出现楼在人空的情况，这种情况在国外的展会上并不少见，特别是国家支持参与的一些会展，企业工作人员不珍惜难得的机会，大唱空城计。这也是最不负责任的参展态度，根本谈不上参展效果。

第
一
百
十
一
回

产
权
的
保
护

许多专业会展对展品是禁止拍照的，这主要是保护参展商的知识产权或著作权不被剽窃。在会展中如何保护自己的知识产权，是参展商要重视的问题。

中国自2006年3月1日起实施《展会知识产权保护办法》，可能许多人都没有关注到国家对展会中的知识产权保护还出台一个专门的法律文件，其实，这也正说明展会恰恰是最容易使企业受到知识产权伤害的场合。参展商参加展会的目的之一，就是在行业、公众面前展示新产品、新成果，对部分别有用心的企业或个人而言，展会就成为模仿、剽窃他人创意、研发成果的机会。展会本身就是一个学习交流平台，但要防止恶意侵权行为。

展会中出现的知识产权侵权行为大体有四类：(1)侵犯企业专利的行为；(2)侵犯企业的商标行为；(3)侵犯企业的著作权行为（文化会展中发生情形较多）；(4)现场剽窃行为。在展会举办过程中，需要会展举办人与参展商共同努力，打击侵权行为。

咖啡区服务

电子设备充电服务

展示方式

在《展会知识产权保护办法》中规定：

第三条，展会管理部门应加强对展会期间知识产权保护的协调、监督、检查，维护展会的正常交易秩序。

第四条，展会主办方应当依法维护知识产权权利人的合法权益。展会主办方在招商招展时，应加强对参展方有关知识产权的保护和对参展项目（包括展品、展板及相关宣传资料等）的知识产权状况的审查。在展会期间，展会主办方应当积极配合知识产权行政管理部门的知识产权保护工作。展会主办方可通过与参展方签订参展期间知识产权保护条款或合同的形式，加强展会知识产权保护工作。

第五条，参展方应当合法参展，不得侵犯他人知识产权，并应对知识产权行政管理部门或司法部门的调查予以配合。

在我们举办艺术品展览、动漫游戏展览时，都会组织一个业界人士参加的参展资格审查委员会，进行资格审查和现场开展前巡视两项工作，防止侵权参展商进入展会。参展商或没有参展的企业对行业中的重要展会也要亲临现场巡查，发现侵权行为，及时处理。

参展商在现场展览展示，要注意以下事项：(1)禁止他人近距离对展品拍照，特别是著作权、专利权展品，严格禁止拍照行为；(2)参展商代表不要对新产品、展品进行细致的设计介绍；(3)展会上赠送展品要详细登记被赠与人信息，并明示赠品用途；(4)如有专利，明示专利证书；(5)保守公司商业机密；(6)对有侵权行为的顾客可以提交会展举办人协助处理。

展会结束后，参展商的工作并没有结束，参展过程只能说完成了结识客户、洽谈意向的前期工作，极少数情况下才会在展会上签订协议，多数情况下要跟进沟通，落实、巩固及扩展参展效果。跟进行为必须及时。

展后的跟进工作大体上有几个步骤。

一、梳理客户。展会上会结识许多人，交换很多名片，参展商的工作人员要对客户进行梳理分类。根据展会上与客户谈判的过程及结果，将客户分为正式客户，潜在客户，无效客户几种。这里的正式客户是指老客户或有明确交易意向的新客户。潜在客户即指对企业的产品或服务有明确的需求意向，还需进一步跟进和沟通、确定相关细节即能够成为正式客户的群体。无效客户是指仅仅在展会留下名片，没有进行过交流，而根据名片判断对方仅是出于礼貌或同行之间的交流，这些都不会成为企业有效的客户。根据客户资料的梳理，明确下一步工作思路。

二、跟进与沟通。根据客户分类及工作思路，一般对正式客户要做的工作就是根据在展会上洽谈好的意向，落实正式协议；对于潜在客户就要及时沟通和联系，打电话、发邮件或邀请客户到企业考察等。打电话要注意礼貌，可从展会结识开始沟通，争取能够有机会向客户多介绍或解答客户问题；给每位客户发邮件，注意不要群发，邮件中能够体现出展会的相关细节，争取能够得到客户鼓励性回复内容，便于继续加深了解。对潜在重点客户要重点联系，分清主次。争取邀请重点客户来企业考察或有再次面谈机会。要重视潜在客户对跟

会场现场

进的回复意见。首先，对这些回复要认真阅读，掌握客户的真实的想法，针对客户的回信内容及时复信。如果客户需要就某产品的报价，那就专门为客户制作报价单。要体现出对客户问题的重视。每一次与客户的传真或邮件最好都体现出专制文件的特点，同时，把自己公司的 LOGO、公司名称及联系方式都体现在文件中。这不仅突出商务行为的规范化，也便于客户随时可以按照文件中的联系方式与销售代表联系。

三、再次跟进。如果客户对企业的产品或服务表示了兴趣，就要及时再次沟通。如果你发了邮件，客户没有反应，几天后就再发一封与上次有所变化的邮件。如果客户仍旧没有回复，你则要考虑一下客户是否对你的产品或服务不感兴趣。频繁地发邮件会引起客户的反感，不妨直接以电话或手机短信沟通一下，确认是否有进一步沟通的必要。

第一百十三回　外展的手续

出国举办展览与出国参加展览的手续是不同的，初次办理相关手续，最好对相关问题提前向熟悉业务的机构或政府部门咨询。

出国举办展览，中国贸促会、商务部出台有《出国举办经济贸易展览会审批管理办法》，该《办法》要求，出国办展须经中国国际贸易促进委员会审批（会签商务部）。组展单位应当向中国贸促会提出出国办展项目申请，项目经批准后方可组织实施。贸促会负责协调、监督、检查组展单位实施经批准的项目，制止企业和其他组织未经批准开展出国办展活动，并提请有关行政管理部门依法查处。商务部负责对出国办展进行宏观管理和监督检查。

组展单位的条件显然有所放宽，应当具备的条件为：依法登记注

会场现场

会场现场

册的企业、事业单位、社会团体、基金会、民办非企业单位法人，注册3年以上，具有与组办出国办展活动相适应的经营（业务）范围；具有相应的经营能力，净资产不低于300万元人民币，资产负债率不高于50%等。业内人士认为，目前取消出国展审批制度尚不现实，因为多头办展等问题会更加难以控制，还可能引发更大的社会成本，这使得出国展仍会在一段时期内沿用审批制度。

组织国内企业到国外参展手续，组织赴外参加展览，主要的手续就是取得会展邀请函及办理相关人员的出国手续和签证。目前有两种办理方式：(1)通过组团方式办理相关手续，即通过组团机构或外展代理机构、旅行社办理手续；(2)独立办理参加外展手续。在此过程中，参展人员需要了解以下几点：(1)博览会正式邀请函由中国组团方统一向博览会索要，并在参展人员向组团方交齐费用后下发，参展人员也可要求国外客户帮助其出具邀请函，但签证风险相对较大；(2)有些国家使领馆需要预约签证时间，申请人预约的签证时间可能为其预约时间后30天，故请提前预约，以免延误展览会；(3)通常持私人护照的签证申请者应在其所在领区的使领馆与签证官面试（各国使领馆规定），许多国家在中国的使领馆通常设在北京、上海、广州三地。也有些国家不接受本人预约，必须要求申请人将材料送至指定签证代办机构，由其统一办理；(4)有些国家对在一段时间内去过该国的申请人提供免面谈服务，例如美国由申请人将其申请材料送交中信实业银行代办机构；(5)留出必要的时间周期。比如美国的签证需要面签通过后十五天左右才能领取到护照签证，也不办理加急业务，所以，要提前办理。

政府、协会或企业都有可能成为会展的参展团组织人，做好参展团的组织工作，有一些经验值得借鉴。

一、准备工作要充分。首先要对拟参加的目标展会全面了解，特别是展会的模式、主要参展人和主要专业观众属性。然后结合拟组织的参展企业实际情况制定参展方案。参展方案要借鉴以往的经验，及时和相关方建立沟通机制，排出进度表，严格按计划推进工作，尽管工作事无巨细，但节奏把握准确，避免出现大的误差，保证工作按部就班推进。

二、与会展举办方、代理方、协办人紧密沟通。由于是跨国、跨区域参展，需要会展举办方密切配合，组织人要与会展举办人、代理人和生活接待公司建立顺畅的沟通机制，并在展场设计、搭建、仪式筹备、酒会准备、翻译配备、交通运输等方面都做细致的沟通工作，保证工作质量。

三、多元化展示手段。如何在展会上突出参展团队，最好采取多元化的展示手段，通过正规陈设、视频、立体展示、现场活动、赠品发放、醒目展示的多元化手法进行展示。例如2010年我们组织中国部分动漫企业参加东京动漫展，增加了动漫衍生品、动漫设备、园区招商、模特走秀、雕塑展示、DVD集成播放、主动招揽观众等方式，同时，开馆仪式统一佩带中国展团围巾、公众日发放手机贴等方式，都让中国展团和展场成为关注的焦点。

四、做好前期功课。国外的专业会展主要是现场洽谈或签约，洽谈预约或商讨协议的工作都做在开展之前。组织人要提前对参展商进行

代表身份确认通道

会展资料架

身份确认窗口

资料领取

展前培训，介绍会展的官方网站注册及使用方式，把细致的准备工作做在前面，这也是参加国际性会展的惯例。不能以做秀的心态对待此事，国外企业都比较认真对待签约事宜，这些都需要做好前期功课。

五、确立主题，保证参展效果。参加展会的目的不单纯是做泛泛的宣传，必须有明确的参展目的和参展主题，这需要有专门的设计和规划。根据展会的宗旨和定位，专门召集参展商开会讨论参展的主题、内容和宣传的重点，有的放矢，就会达到预计的效果。形象设计也要体现主题，论坛的论题也要专心设计，这样才能给观众留下深刻印象。

六、展团的行程商旅组织工作可委托旅行社安排，减少工作量和避免在不熟悉的领域做不擅长的事。

此外，外展的组织要注意办理出国参展的人员手续时间，及早办理。

我多次组织国内企业到国外参展，取得了一些经验之外也发现了一些工作不足和教训，简单描述一下，供外展组织者参考。

一、参展经验欠缺。由于许多国外展览都是首次参加，所以对组织企业参加新的国际性会展缺乏足够的经验，特别是如何适应B2B、B2C展出需要，需要借鉴和学习经验，细致做前期调研，不能主观认为与国内的模式差不多。一些事情不是经费的问题，需要更用心研究拟参加的会展全面情况。

二、细节衔接方面易出漏洞。因为有语言交流、联系不便等客观原因，以及对会展举办地环境、会展场馆条件或国外的工作、办事习惯了解不够，就容易出现一些细节衔接方面的问题；加之在国外，许多在本土很容易解决的问题，可能都会成为难题。

三、计划欠提前和精准。计划性和前期预约是国外比较看重的习惯，这对于国内多数参展商还很不习惯，经常会因为这方面的问题引发不理想的后果。例如，发放请柬，国内企业认为提前几天就可以了，但国外习惯于提前1～2个月。国内企业的灵活性有余，而计划性不足。

四、国内企业忽视公众日出展。尽管对参展企业反复提出坚守岗位的要求，只有三分之一的企业留守在岗位上，许多企业参展人员有擅离岗位现象，公众日仍有很多专业观众前来洽谈有关企业的产品，但无人在岗位上，通讯及语言都存在障碍，削弱了参展效果。

五、国内企业对参展工作重视不够。在赴外展团的组织过程中，发现一些企业对参展工作重视不够。定期上交的资料一拖再拖。语言

会展观众入场秩序维持

翻译不认真，不仅影响了工作效率，也影响了参展效果。

六、应该改进参展方式。尽管作了一些准备，但仍缺乏持续吸引观众的展出方式，互动性不够，语言也成为发挥展示效果的一大障碍，一些企业派出的高管人员普遍缺乏语言能力和与观众的热情沟通态度，影响了交易洽谈和业务交流。

七、在国外的参展团管理困难。由于赴外展会组织的参展企业代表与组织者没有管辖关系，参展团成员构成复杂，出国参展的目标也不一致，所以，参展团的生活、工作协调管理事宜就很困难，经常会出现矛盾和纠纷。

要解决以上的问题，我们的经验就是行前召集协调会议，尽量统一参展思路和参展纪律，必要时签订组织者与参展商的组团保证协议。更有效的方式就是组织者多与参展代表沟通并在团员中推举召集人代表，互相帮助、互相理解。

第一百十六回　外展的协调

自改革开放以来，中国企业到国外参展的数量及次数越来越多，企业走出国门参与国际市场竞争是好事，所以，国家对国内企业赴外参展审批的限制已经基本取消，进一步推动了国内企业、个人到国外参展的趋势。但这几年也出现了许多问题，由于缺乏管控，参展方式多种多样，国内一些缺乏信誉的企业或低水平、低素质的企业或个人也夹杂其中，给国家形象带来负面影响，甚至引发一些品牌会展开始封堵中国展商参展，这种现象在文化类会展中表现得尤为明显。

用艺术展来例证一下上面的现象。艺术文献类的展会中，威尼斯双年展属于国际艺术展的佼佼者，两年一度的威尼斯双年展吸引众多国家艺术机构、艺术家参加或参观展会，但近来几届威尼斯双年展中国的艺术机构或艺术工作者无组织地参与其中，热情可以理解，但作品水平和参展方式实在很难让人恭维，引起各国展商、观众的抵触，会展举办方也颇有微词，酝酿如何对来自中国的艺术机构加以限制，甚至排除门外。美国、欧洲一些艺术展也有此类情况，个别艺术展甚至明确拒绝中国艺术机构参展。前些年，我对国际会展排斥中国企业或机构参展的做法也很气愤，认为是对中国的歧视，这几年看得、听得多了，又觉得人家做得没错，错在中国人自己诋毁了信誉和形象。我对艺术品的评估权极为看重，认为国外的艺术机构无权对中国的优秀艺术品说三道四，中国艺术品的评估权和定价权应该掌握在自己的手里，但是看看一些展览展出的中国艺术家作品，也没有了雄辩的底气。

如果政府来审核哪些艺术品可以到国外参展，可能限制了艺术创作的自由；但如果没有任何艺术水平的把关，就可能鱼龙混杂，一些

户外广告

赞助商广告

会展指示牌

会展剧场

"不争气""不光彩"的作品就可能贴上中国艺术品的标签，堂而皇之地招摇过市。那么，如果能在政府的指导下，成立一个专业艺术委员会，请那些学术水平、艺术水平、道德素养高的人士组成这个委员会，对要参展的艺术作品做推荐，这么做也会得到国外艺术展举办方的配合。

前几天与几位文化参赞提及此事，他们也是忧心忡忡；和几位有成就的艺术家谈起此事，他们也是义愤填膺。看来，如何代表国家协调国外文化艺术展参展的事宜不能再拖了。艺术展如此，其他行业的展览业存在同类的问题，需要政府、协会、经营者共同商讨一个解决方案，并非限制商贸自由，旨在维护国家形象。

第一百十七回

外展的运输

　　到海外参展，提前做计划非常重要，不仅是预约客户要提前，还有展品运输、出入海关等环节都比较麻烦，特别是海运展品，必须留出必要的提前量。

　　经常参加国外会展的企业在这方面有丰富的经验，最好的选择是展品（指宣传品或可折叠展具。如果展商随身携带展品实物进入外国，一旦被外国海关查验到则需要补交关税，甚至没收展品、罚款等，所以建议展商不要采取此种方式携带实物展品）与参展代表同机托运，可以省却诸多不便；如果做不到同机托运，可采用航空邮运的方式，虽然成本高一些，但时间有所保证；大件展品就要考虑海运的方式，海运的价格相对低廉，但时间基本要在一个月左右，考虑到报关或特殊气候等因素，运输时间要至少提前45天以上。海外展品运输有报关问题，一般的做法是委托专业的展览品运输报关服务公司代办。

　　通常来说各国主要会展城市的展馆都有各自合作的展品运输服务

会展现场

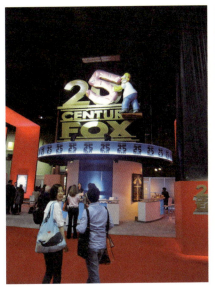

会展现场

商，几乎所有的国际展览也都有一个甚至多个指定的官方货运代理，负责国外展品到达会展举办国后的清关、临时仓储、展位派送等一条龙服务。这些代理通常开展前在展馆都有自己的办公室和临时仓库，用来临时存放展品并负责解决展品进馆等相关问题。而国外运输代理公司在展览品物流方面的经验、实力、与会展举办人及海关的关系等也是保证展商展品能够顺利清关并送达展位的重要因素。因此，会展举办人的官方运输代理的费用往往比其他货运代理的价格要高，但是官方代理提供的运输服务也更加周到安全，值得展商信赖。对于展览品来说，顺利清关并送至展位是最重要的，在此基础上方考虑价格等其他因素。需要特别指出的是，展览物流对时间的要求要比普通货物出口严格得多，如果开展时展品还没有到达展位，损失将是无法估量的。所以展商以正常的出口方式运输展品是保证展品顺利送达展位的唯一方式。

另外一些国家海关不接受没有申报货值的任何物品，展商须将参展物品的目录、宣传页及小赠品等都以真实的货值进行如实申报，以免影响清关。为了保证展品能够在整个运输过程中的安全、准时、便捷，建议展商还是寻找专业操作展览物流的货运公司，虽然他们的费用可能比其他的代理高一些，但是毕竟这些货运公司具备展览物流操作的丰富理论知识及实践经验，把展品交给指定的官方运输服务公司处理更为放心。

第
一
百
十
八
回

展
会
的
礼
仪

　　我多次组织中国文化企业到国外参展，发现有一些礼仪方面的事情需要特别注意，避免破坏会展友好氛围和失礼于国外。

　　一、约定、约会的礼仪。无论是举办活动，还是举办酒会，都应及早筹划与确定。邀请国外、境外人士前来参加活动，至少于半年前（最晚也不要晚过1个月）发出邀请，并寄送相关说明资料。尽管我们还不能完全适应国外的时间安排惯例，还是要考虑礼貌问题，能尽量提前运作。

　　二、入乡随俗。无论什么样的策划方案，如果到国外举办，要邀请国外人员参加，应尽量征询熟悉当地的人士意见。确定开幕时间应充分考虑当地交通、气候及工作习惯等因素，开幕式尽量按原定时间举行，避免时间过长。开幕式宣布的出席活动的领导人名不宜过多。在介绍活动嘉宾时，一般情况下各主办单位领导应排在宾客后面（主办单位领导是国家领导人的则应先报）；如有外国驻华大使参加的，

会展序厅广告

合作指示牌　　　　　　　　　　　　　新奇的互动感应展示技术

其位置则应提前（因其是外国元首的代表）。

三、精简为原则。开幕式剪彩活动能免则免，确需安排剪彩活动的，剪彩人不宜多。为节约起见，应以彩带代替绸带。酒会也尽量简单，国外的酒会多数是礼节性的，不宜按照国内的酒宴标准安排。仪式或活动的时间最好控制在四十分钟之内。介绍地方或企业情况时，要突出重点，语言简练，切忌长篇大论（如有必要，可提供文字资料）。

四、遵守预定时间。一是出席有关活动的时间要守时，最好提前一刻钟到达；二是预定的活动开始时间要准时，不要因为个别嘉宾迟到随意延迟时间。严格按展览规定的时间参展和撤展，不迟到，不早退。多数国外会展乘坐统一的交通工具，不要因为个人原因导致大家等候。

五、饱满的精神状态。出席国际会议、活动、仪式时，尽量穿着正装。要适时提醒出席者关掉手机，或将其调至静音状态。在国外不顾场合接打电话或玩手机都是极不礼貌的行为。不要在活动进行过程中交头接耳，私下讲话。要站有站相，坐有坐相。一般场合下，也不宜大声喧哗。

其实，除了国外的一些特殊的习惯、惯例外，礼仪的基本要求是一致的，无论是参加国际会展，还是国内会展，都不应出现失礼行为。

风险与评估

会展如何评估，也是见仁见智的模糊概念。由于会展的形势多样，模式也不同，目的性也不一致，所以，对会展的评估标准很难一概而言。这里讨论的只是比较大众化的评估原则。主要包括内在价值和外在价值。

内在价值就是前文讨论的会展自身价值，主要是依据会展的吸引力而言的，即会展对会展参与者在名誉、利益、学习交流、体验期待方面的期望值，这也就是影响参与者的会展魅力，也是会展真正的价值所在。实际上内在价值决定了参与者的满意度高低。

外在价值主要体现在一些可量化的指标上，主要包括会展面积、参展商数量、观摩者数量、潜在客户数量、会展收入、会展利润等六个方面。

一、会展面积。会展面积是指会展举办的平面规模，一般情况下，会展面积越大，带给会展主办方的利益越大。专业性的会议也有相应的指标考量。

二、参展商数量。参展商数量与会展面积有密切对应关系，尽管参展商各自需要的展位面积有大小之分，但总体说来，参展商越多，会展面积就越大，会展的影响力就越大。良性的会展应呈现参展商数量逐年提升的趋势。

三、观摩者数量。观摩者是指会展参展商之外的参与会展活动的会议代表或专业观众及非专业观众。观摩者数量决定会展的影响力。B2B会展主要关注专业观众的数量指标；B2C会展更关注综合观摩者数量。

会展搭建布展

四、潜在客户数量。潜在客户数量是指有可能成为参展商或专业观众的群体，潜在客户数量往往决定了会展发展的潜力，潜在客户数量越多，预示会展的未来市场前景越好。

五、会展收入。会展收入是指因举办会展带动的综合直接收入。会展带动的综合间接收入可以列为辅助性考核指标。

六、会展利润。会展利润对应于会展收入，是指会展举办方的直接收入减去直接成本而获得的利润。会展利润为直观的会展利益表现，更为科学的考核应计算利润率，便于对会展利润的连续考核和综合评定。

会展的评估来自于两个方面，总体线索就是两个，一个是会展举办方能够看到的量化指标，可以揭示会展的成果；一个是外界对会展的评价，集中在会展的内在价值评估中，这也是会展生存发展的关键因素。这两个线索都是会展举办方作为的结果，会展主办方应以内在价值培育为本，才有会展的外在价值。

对于专业的会展公司而言，最忌讳的就是公司一年只做一个会展项目。会展公司成立初期，只做一个会展还可以理解，成立三年以上的会展公司，如果还固守一个会展项目就很危险了，公司的安危都系于一个项目，迟早会出现经营危机。健康的做法是逐步培育几个会展项目，当然，这种项目的增加是循序渐进的。

为什么只做一个会展项目是危险的？这是因为公司的运营风险只集中在一个项目上，没有分散风险的余地。会展经济实际是项目制运营，本身就缺乏产业性运营的先天不足，只有一个项目就意味着一个公司把所有的收入寄希望于一个会展的收入，而所有的日常开支都是固定发生的，一旦会展项目出现风险或亏损，就满盘皆输。有些人认为，某个会展项目是成熟的品牌，不会出现经营亏损。这种想法是天真的。一是所有的会展都可能因为行业的兴衰出现波动；二是一些不可抗力会突然影响会展如期举办，天灾人祸及疫病、政策、战乱都可能发生，所以，只经营一个项目会展是危险的会展公司战略选择。

会展公司也未尝不想多拓展几个会展项目，目前，会展竞争很激烈，新的业务拓展确实很困难，但不论多么困难，也必须拓展新的项目。新项目拓展有一些有效的思路可借鉴。(1)开展与现有项目相关的行业不同领域、不同产业链的会展业务拓展。即在熟悉的业务领域寻找商机；(2)把现有的会展形式套用不同的领域、行业，看看是否有机会；(3)走访行业协会、学会、商会，寻求合作机会；(4)关注政府对产业的指导方向及政府的社会发展规划，寻求有市场潜力的会展机遇；(5)关注社会生活变化趋势，寻找符合社会发展趋势的新兴产业会展机遇；(6)关注国际会展业新的会展热点，移植到国内进行本土化培育；(7)与有实力、有丰富会展经验的专业化会展公司合作会展项目。

会展公司在开发新的会展项目时，要注意的主要内部问题有：(1)防止出现顾此失彼的现象。新的项目冲击原有项目，得不偿失；(2)盲目贪图新项目的规模和影响力；(3)资金和人力资源出现危机；(4)同时拓展多个项目，导致能力严重不足；(5)市场调研不足，臆想成分居多，导致决策失误。

新的会展项目开发，应遵循"循序渐进"的原则。展览不成熟，可以做会议，会议不成熟，可以做活动。不要急于冒进，但更不能裹足不前。

媒体直播区　　　　　　　　　　　　媒体合作

会展的餐饮　　　　　　　　　　　　会展室内酒会

在会展方案策划中，有一项内容就是风险评估及防范。许多策展人把精力都放在会展内容及招商招展的策划上，对风险评估及防范只是轻描淡写应付而过，策展人有时怕把风险估计严重了，影响策展方案的可行性，这是极不负责任的行为。我认为风险预见要尽量清楚，而风险防范要出钱、出力做实。

会展的风险有以下几类：(1)会展主题方向风险。是指会展的主题方向违反国家政策法规或超越现实市场环境，前者可能引起政府干涉或社会舆论抵制，后者使招商招展工作限于困境；(2)会展的时间、地点、场馆策展失败风险。由于时间安排不当，导致参展商或观众无暇顾及展览，因会展举办地城市的特殊情况导致外部参展商或观众不愿赴会，因场馆交通或场馆设施不善导致参展商或观众抱怨；(3)竞争对手风险。因策展时对会展竞争对手了解不足或竞争强度估计不足导致会展失利；(4)会展执行团队能力风险。是指会展举办人的团队缺乏执行力或经验导致会展失败；(5)会展的安全风险。是指会展中因出现人身安全、财产安全、火灾等突发事件导致会展出现负面影响；(6)不可抗力风险。是指预定会展期因天灾、人祸（动乱、战争）、疫病流行而导致会展不能如期举办；(7)其他风险。这里指出的风险是按照类别性质来区分的，具体的会展方案应做更具体的分析。上述风险中，除了不可抗力风险难以预料外，其他风险都是可以防范和规避的，包括不可抗力风险也可以以风险保险的形式进行一定限度的防范。

风险防范与规避在很大程度上是可以通过努力取得预期效果的。如会展主题方向风险可以通过调研与政府咨询规避；会展的时间、地点、场馆策展风险也可以通过调研、实地考察来防范，如交通不便可以加开班车、场馆设施不善可以洽商改进或重新选择等；安全风险可以加强督导、制定应急方案等方式化解；执行团队不力可以通过加强培训、聘请有经验高管来弥补；竞争对手风险可以通过调研或错峰办展的方式规避；不可抗力风险可以通过购买活动保险方式降低损失。对于有可能出现的风险都要有应对方案，而且要为风险防范方案实实在在地花钱和投入人力、物力。对风险防范不能抱有侥幸心理或听天由命的消极态度。

观众入场秩序维持

第
一
百
二
十
二
回

会
展
的
保
险

　　会展保险在国内还处于萌芽发展期，整个会展保险体系尚不完善。目前除了一些省会城市因政府对会展、大型活动强制要求需要交纳公众责任险之外，最普遍的做法就是珠宝展、艺术品展会象征性投保财产失窃险，运输时应运输服务公司要求投保运输险，对其他的会展活动都忽略了上保险，这与中国会展业发展过程相呼应，也是处于逐步完善阶段。

　　2011年6月，《中国保险报》刊登了彭远汉先生的一篇关于会展保险的文章，他写道："会展并非仅有失窃风险，还有很多潜在风险。主要包括：(1)会展设施建设中的风险。在其建设中，由于灾害事故的客观存在，必将带来各种物质破损、工程延期、费用损失、公众责任、施工人员意外伤害等风险。(2)会展设施运营与维护中的风险。主要是财产损失、人员意外伤害、公众责任、雇主责任、营业中断利润损失、人为破坏等风险。(3)会展期间的风险。物资运输与仓储中的风险、展品安全、展品责任风险、食品饮料安全、交易信用等风险。(4)环境安全风险。包括展览环境欠佳造成的人员伤害、经济损失风险；社会环境安全风险，如治安、环境污染等所致的损失风险等。

　　"会展中的会场、展览馆及配套设施运营，对财产综合保险、设备损坏保险、公众及雇主责任保险、营业中断利润损失保险、人员意外险等产生较大需求。会展中的物资大流动，对运输工具保险、运输货物保险、仓储物资保险、展品安全保险、产品责任保险等有特别的保障需求。会展中的规模空前的人流，给人员意外险、医疗保险、旅游保险、责任保险等带来巨大市场。会展中的经济贸易与投资洽谈，

会展外景

会展服务

会展指示标识

展区平面图

对出口信用保险、履约保险、投资保险等带来商机。环境安全，对公众责任保险、食品卫生安全保险、环境责任保险等产生较大需求。"

我在实际工作中感到，会展保险业之所以难以普及，主要有三个障碍：(1)保险公司尚未意识到会展保险的潜在市场，把会展保险业务视为冷门看待，没有形成成熟的业务门类；(2)国内会展公司普遍缺乏风险意识，认为花钱买保险往往是花冤枉钱；(3)会展保险业务确实比较另类，保险公司没有懂得会展专业的复合人才，偶尔为之，利润和风险之比达不到预期，又未形成市场规模，一旦出险，往往得不偿失。

在现实工作中，会展保险业务确实有些偏门，但保险公司可以借鉴国外同行的较为成熟经验，科学谋划、优质服务，才能在会展经济中抓住保险商机。会展公司还需强化风险意识，主动与保险公司或保险咨询公司沟通，完善会展良性发展规范机制。

第一百二十三回

会展的改进

任何品牌会展都有一个逐步培育、逐步完善的过程。但这种逐步完善的做法不是被动的跟进，应该是会展举办人有强烈的主观改进意识来积极推进的。我与一家英国会展集团派驻中国的会展顾问飞利浦先生讨论过这个问题，他把会展改进看得十分重要，也介绍了他对会展改进的有益建议。

飞利浦先生认为：不论多好的会展，都不会尽善尽美，如果长时间没有改进，参展商与观众都会感到审视疲惫、甚至厌倦，只有每届展会都让参与者感到新意或惊喜，这个展会才会有魅力及魔力。一些优秀的会展举办人，每届展会都会分三个层次来关注展会的改进，（1）会展举办人公司内部工作人员对本届会展总结，提出改进意见；（2）邀请参展商代表及观众代表，对会展策划及现场服务提出改进意见；（3）邀请特别监督员（这些人都有丰富的举办或参加各种会展的经验及阅历），对会展进行评估和提出改进建议。来自三个方面的改进建议会

会场现场

会场现场

作者在戛纳会展现场

很多，有的建议甚至会很激进。会展举办人对这些建议要进行讨论，现实中不可能全部改进，但会展举办人要明确其中的几项必须在下届展会上有所改进。

激烈的会展竞争中，每一个会展举办人都希望脱颖而出。而在会展举办人、竞争人、消费者这个三角关系中，胜出竞争者的秘诀就是谁能够给消费者带来超值服务、意外惊喜。而在竞争中的胜出者，也只有保持不断地自我挑战，自我超越，才能处于不败之地。会展举办人之所以要不断改进和完善会展机制，就是要时刻保持会展的活力和创新。另文介绍过巴塞尔艺术博览会举办人的每年创新的做法，他们每年都要重新设计博览会方案，保留深受参与人欢迎的传统项目，创新出新的会展项目，即使是每年都参与巴塞尔艺术博览会的老客户，都会感到惊奇和激动，这样的展会才是健康发展的展会。

当然，展会的改进也不是必然会走向成功。美国著名的电子娱乐展会——E3展会，在2007年曾做过B2C模式向B2B模式的转型。当年就饱受指责，2008年又回归到B2C模式为主的做法，但偶尔的挫折只是说明会展改进的严谨性和不容易，不能说明改进会展的想法错误。有意识地循序渐进才能促进会展步入良性发展的轨道。

自2013年起，会展的风气开始出现积极的变化。最主要的变化就是政府逐渐在会展活动中隐身，让企业和市场行为站到前台。具体表现为：大力度压缩会展财政支出；减少或取消庆典活动；严格控制政府、事业单位及国企的会议、仪式活动；控制政府官员出席会展仪式活动；清理以政府的名义主办的会展活动数量；控制公职人员公费出国参加会展活动财务预算等。

短时间看来，以上举措对会展业有一定的影响；但从长远角度审视，这种变化是会展业回归正常轨道的开端。除了一些政府举办的宣传性或惠民的会展活动之外，商业会展是会展业的主流，政府不宜来包办和运营。商务会展以行业协会或商务会展公司来主办、运营是业态的本源。刚刚举办的第十届中国艺术节开幕式，由过千万的预算压缩到百万之内，尽管没看到规模恢宏的盛大开幕式演出，部分人有些不习惯，但节省的财政资金可以做更多的惠民文化项目。这是中国会展业开启的良好开端。

之所以说是"嬗变"，是这种变化还会有一个逐步演进的过程。不仅会展公司不习惯这种变化，参展客户也会不适应这种变化。没有一个盛大的开幕式、没有大领导与会、没有政府背景作为主办方，一些人就如同演出缺少了主要观众。平心而论，这种会展一定是缺乏商业模式的会展。这类会展在国内会展中并不是少数，政府看重此类会展的影响力和业绩，无论是说明展会，都需要出成交额数据，然后拿新闻报道邀功；参展企业靠行政手段动员，参展是给政府"面子"，甚至要扮演虚假签约的演员，以此博取政府领导的关心；会展公司看

会展外部场景

会展中的论坛

重的是政府提供的办会经费，挣点辛苦钱。这类的会展是劳民伤财的行为，也是会展业的"怪胎"，必将在嬗变中淘汰出局。

国外的商务会展，洗尽表面文章的铅华，简单而随意的开幕酒会，甚至就是准时打开观众进入会场的大门，会展公司就把自己看作是经纪人，为参展商和观摩人员服务，努力为促成交易提供平台服务。这样的会展无需作表面文章，无需新闻报道，真实的交易合同和有效的交流学习，会吸引会展客户不断地成为回头客。这就是国内会展嬗变的结局。

后记

　　《"胡"说会展》是继《"胡"说动漫》《"胡"说收藏》后的"胡"说系列第三本书，原本计划中的第三本书是《"胡"说演艺》，但在演艺的写作过程中，我做董事长的会展公司在2012年及2013年接连遇到许多问题，有因不可抗力带来的会展延期问题、展场变动问题，也有新股东加入带来的战略研发、业务拓展、内部管理新机制制定问题。此外，还有专门赴国外考察学习展会组织工作的安排，因此，搁置了原来的写作计划，开始提前梳理对会展的思考。

　　用会展笔记来概括本书比较恰当。除了会展概括及各国会展业情况之外，本书主要部分都来自我平时对会展的理解和感悟。此书不属于会展教材，但可以供会展从业人员参考，也能够弥补会展教材的空隙。本书的写作用了四个月，共写了120片短文，力求把我对会展业的零散看法串成一条不甚鲜亮但质朴的项链。在写作过程中，深感国际会展业坚定前行的步伐，感叹美国、新加坡、迪拜这些后起之秀的崛起，感慨中国会展业发展的过程及巨大的潜力，警醒国际会展业巨头的专业化整合及对中国会展市场的觊觎，憧憬会展业对中国经济社会未来的综合拉动作用。

　　我对会展业的前景是有坚定信心的。尽管互联网深刻改变了我们的生活，让离群索居变得更为容易或者成为一种趋势，网上博览会无疑是一种便捷的新兴会展形式，会有广阔的发展前景。但我坚信，人的本性渴望面对面交流和聚会，而会展将是永恒的承载平台。根据英联邦展览联合会的一项调查，展览是优于专业杂志、公关、报纸、电视等媒介的最为有效的营销手段。因此，我认为会展业永远都存在机遇和挑战，谁更用心、谁更努力，谁就会在会展竞争中脱颖而出，成就事业。

在本书的写作过程中，翻阅、查阅了大量图书及网络信息，也借鉴了国内外许多会展经验和教训，无法一一列举，表示感谢！也感谢我们自己的会展团队——北京中文发国际文化交流有限公司，十年来的共同努力，让我参与和感悟会展工作的甜酸苦辣；感谢文化部及原文化部文化市场发展中心及今天的中国动漫集团有限公司，给了我诸多机会在国内外考察、学习、实践会展业务。本书的图片全部是我个人拍摄的会展资料及公司保存的资料图片，如有引用不当，敬请谅解。

最后，感谢北京大学陈少峰教授在百忙之中为本书作序。感谢张语聪、闫欢、曾桃、李延、杨晓刚等为本书校稿，一并感谢刘峥、栾小超等编辑团队为此书的出版做出的大量工作。

图书在版编目（CIP）数据

"胡"说会展 / 胡月明著 . —— 石家庄 ：河北教育出版社，2013.10

ISBN 978-7-5545-0453-6

Ⅰ . ①胡… Ⅱ . ①胡… Ⅲ . ①展览会－工作 Ⅳ . ①G245

中国版本图书馆 CIP 数据核字 (2013) 第 222097 号

书　　名 / "胡"说会展
作　　者 / 胡月明　著

出版发行 / 河北出版传媒集团

河北教育出版社

石家庄市联盟路705号　邮编 050061
出　　品 / 北京颂雅风文化传媒有限责任公司

www.songyafeng.com

北京市朝阳区望京利泽西园3区305号楼

邮编 100102　电话 010－84852503
编辑总监 / 刘　峥
责任编辑 / 栾小超
装帧设计 / 郑子杰　寇　静
设计助理 / 何晓敏
制　　版 / 北京颂雅风制版中心
印　　刷 / 北京方嘉彩色印刷有限责任公司
开　　本 / 787×1092　1/16
印　　张 / 16.5
出版日期 / 2013年10月第1版　第1次印刷
书　　号 / ISBN 978-7-5545-0453-6
定　　价 / 98.00元